W0289034

Ins Ausland mit Kindern und Jugendlichen

Das vorliegende Buch will Eltern, die vor einer Ausreise ins Ausland mit ihren Kindern stehen, Hilfestellung bei der Entscheidungsfindung, der Vorbereitung und dem Einleben im Gastland geben. Es entstand aus der Begegnung mit Teilnehmern in Ausreisevorbereitungsseminaren und Eltern, die die Autoren in zahlreichen Ländern befragten. Das Buch soll vor allem ein praktischer und lebensnaher Ratgeber sein und dabei helfen, Ängste und Bedenken abzubauen. Die Autoren wollen ausreisenden Eltern Mut machen, das Abenteuer eines längeren Auslandsaufenthaltes beherzt, aber auch überlegt anzugehen.

Dr. Rolf Daufenbach hat Psychologie studiert und lebte und arbeitete in Asien und Großbritannien, bevor er 1998 zum IFIM stieß. Seither bereitete er über tausend Fach- und Führungskräfte und deren mitausreisende Partnerinnen auf das Leben und Arbeiten im Ausland vor.

Andreas Bittner ist ebenfalls Psychologe und arbeitet seit über dreißig Jahren als interkultureller Trainer und Berater. 1990 war er einer der Gründer der IFIM Institut für Interkulturelles Management GmbH, bei der er seither einer der Geschäftsführenden Gesellschafter ist.

Die IFIM Institut für Interkulturelles Management GmbH unterstützt Unternehmen bei ihren internationalen Engagements durch seine Expertise in der produktiven Bewältigung von Kulturunterschieden. Bekannt ist das IFIM vor allem wegen seiner interkulturellen Trainings. Die Kunden schätzen deren besondere Lernatmosphäre, die geprägt ist durch Praxisrelevanz und Trainerkompetenz.

Rolf Daufenbach
Andreas Bittner

Ins Ausland mit Kindern und Jugendlichen

IFIM Institut für Interkulturelles Management

Bibliographische Informationen der Deutschen Nationalbibliothek.
Diese Publikation ist in der deutschen Nationalbibliographie verzeichnet.
Detaillierte bibliographische Daten sind im Internet unter http://dnb.d-nb.de abrufbar.
ISBN: 9783839167588

Titelfoto © Istockphoto.de

Herstellung und Verlag: Books on Demand GmbH, Norderstedt

Inhalt

1 Einleitung

Ein Umzug mit Kindern ins Ausland ist eine Herausforderung, der sich zunehmend mehr Eltern stellen müssen. Die Globalisierung der Wirtschaft und die Verbreitung des Internets haben die Welt zusammenwachsen lassen. Immer mehr Unternehmen engagieren sich im Ausland um dort Produkte oder Dienstleistungen zu kaufen oder zu verkaufen, zu entwickeln oder fertigen zu lassen. Das erfordert einen immer größeren Personalaustausch. Wenn Geschäftsreisen und Kurztrips nicht mehr ausreichen, stehen Entsendungen an: eine Mitarbeiterin oder ein Mitarbeiter wechseln in eine ausländische Niederlassung ihres Unternehmens. Und mit ihnen, so vorhanden, ihre Familie. Diese Entsendungen dauern meist mehrere Jahre und nicht selten länger, als im Vertrag vorgesehen. Zuweilen schließt sich auch gleich ein Auslandsaufenthalt in einem weiteren Land an.

Für die mitausreisenden Kinder bedeutet das, eine unbestimmte, längere Zeit ihres Lebens im Ausland zu verbringen, weil der Beruf eines der Elternteile, meistens immer noch des Vaters, dies notwendig macht. Für ihre Eltern, die vor einer solchen Ausreiseentscheidung stehen, ist es zunächst einmal schwierig einschätzen zu können, wie sich dieser Schritt auf ihre Kinder auswirken wird. Denn meist ist man mit der Frage zum ersten Mal in seinem Leben konfrontiert.

Von daher stellen sich viele Fragen: Ist der Umzug ins Ausland für die Kinder eine hilfreiche Erfahrung, die sie positiv erleben und die ihnen helfen wird, später den beruflichen Anforderungen einer noch stärker 'globalisierten' Welt zu genügen? Oder haben diejenigen Recht, die davor warnen, Kinder aus ihrem vertrauten Umfeld herauszureißen und heimatlos zu machen? Provoziert man schulische Schwierigkeiten, die es den Kindern erschweren oder gar unmöglich machen, einen für sie befriedigenden Beruf zu erlernen?

Auch in der Forschung findet die Frage, wie Auslandsaufenthalte auf Kindern und Jugendliche wirken, zunehmende Aufmerksamkeit. Allerdings nach wie vor vor allem im angloamerikanische Raum, im deutschsprachigen Bereich stellen Rat suchende Eltern schnell fest, dass praktische Informationen zu diesem Thema nach wie vor schwer erhältlich sind.

Die Autoren des vorliegenden Buches sind interkulturelle Trainer und Psychologen. Beim IFIM Institut für Interkulturelles Management bereiten sie seit vielen Jahren ausreisende Fach- und Führungskräfte, sowie deren Partnerinnen und Partner auf Auslandsaufenthalte vor. In den Seminaren und Beratungen geht es nicht nur um managementrelevante Themen, sondern um die zentrale Frage, was ausreisende Menschen tun müssen, um in ihrem Gastland so erfolgreich und zufrieden leben zu können, wie sie es von zuhause gewohnt sind. Von daher steht der private Bereich gleichberechtigt neben beruflichen Aspekten und ausreisende Paare nehmen gemeinsam an diesen Vorbereitungsveranstaltungen teil. Denn es hat sich gezeigt, dass die Frage, was ausreisende Eltern tun können, damit es ihren Kindern im Gastland gut geht und ihr Aufenthalt dort zu einer wertvollen Erfahrung für ihr späteres Leben wird, von zentraler Bedeutung für den Erfolg einer Entsendung ist.

Diese Publikation versucht den Eltern Antworten auf diese Frage zu geben. Die darin enthaltenen Anregungen, Hinweise und Ratschläge versuchen, die Ergebnisse wissenschaftlicher Forschung auf diesem Gebiet in allgemeinverständlicher und praxisorientierter Form weiterzugeben. Vor allem aber resultieren sie aus den Ergebnissen der IFIM-eigenen Forschungstätigkeit, denn das Institut befragt regelmäßig und systematisch ausgereiste Eltern direkt in den Gastländern. Mehrere tausend ehemalige Seminarteilnehmer, die seit der Gründung des Instituts 1990 an 'Auslandsvorbereitungstrainings' teilgenommen haben, sind eine wichtige und kompetente Erfahrungsquelle für die Einschätzung von Chancen und Schwierigkeiten in den Gastländern. Daher stammen die wesentlichen Erfahrungshintergründe aus denjenigen Ländern, für die das IFIM Auslandsvorbereitungen anbietet, also aus den Industrie- und Schwellenländern Nord- und Südamerikas, Nordafrikas und Asiens. Diese außereuropäischen Länder gelten aufgrund der größeren kulturellen Unterschiede als zurecht als 'schwieriger' als unsere europäischen Nachbarstaaten. Dennoch werden auch Eltern, die einen Umzug innerhalb Europas ins Auge fassen, viele Hinweise umsetzen können.

Die vorliegende Publikation fasst diese Erfahrungen länderübergreifend zusammen, es fehlen also landesspezifische Hinweise, die selbstredend auch sehr relevant für die Ausreiseentscheidung- und Vorbereitung sind. Den Autoren geht es um generelle Anregungen und Hinweise für Eltern zum Ausreiseprozess: vom Beginn der Entscheidungsfindung über die eigentliche Ausreise bis zur Rückkehr in die deutschsprachigen Heimat. Das Buch folgt auch dieser Chronologie in seiner Kapiteleinteilung. Von daher beginnt es mit der Phase der Entscheidungsfindung (2) und beschäftigt sich anschließend mit der Vorbereitung (3). Die Frage nach der Wahl der passenden Schule bzw. des Kindergartens (4) ist von so zentraler Bedeutung, dass wir ihr ein eigenes Kapitel gewidmet haben. Im Lande angekommen, geht es um die Eingewöhnung im neuen Alltag (5), sowie zuletzt um die Problematik der Reintegration ins Heimatland (6). In den anschließenden Kapiteln stellen wir noch einmal die Wirkungen von längerfristigen Auslandsaufenthalten aus Forschungssicht dar (7) und referieren über die Ergebnisse der IFIM Forschung (8). Zum Abschluss folgt ein Serviceteil mit Internetlinks und Literaturhinweisen (9).

Das Buch richtet sich an Menschen, die für eine *begrenzte* Zeit ausreisen und eine Rückkehr in ihr Heimatland beabsichtigen, also an Familien von Auslandsmitarbeitern der Wirtschaft, sowie staatlicher oder entwicklungspolitischer Institutionen. *Auswanderer*, die planen ihrer Heimat dauerhaft den Rücken zu kehren, weil sie sich in einem anderen Land oder einer anderen Kultur ein besseres Leben für sich und ihre Kinder erhoffen, werden die Überlegungen zur Reintegration nicht relevant finden, umgekehrt aber einige Hinweise vermissen, die angehende Auslandsmitarbeiter standortbezogen von ihren Personalabteilungen konkreter erhalten als wir sie hier länderübergreifend darstellen könnten.

2 Die Entscheidung

"Könnten Sie sich vorstellen mit Ihrer Familie für einige Jahre in ... zu leben?" So oder so ähnlich lautet oft die Standardfrage des Chefs, die am Beginn einer Ausreise steht. Wer sie gestellt bekommt, fühlt sich natürlich zu recht geschmeichelt, denn ein solches Angebot bekommt in der Regel, wer von der Firma für beruflich kompetent und kulturell aufgeschlossen gilt. Schließlich wollen die entsendenden Firmen sich mit ihren heimischen Mitarbeitern in der Fremde nicht blamieren. Häufig ist die Stelle im Ausland ja auch mit einem erweiterten Verantwortungsbereich verbunden, es winken Beförderung und höheres Gehalt. Außerdem kommt ein solches Angebot in der Regel mit dem Hinweis auf ein umfangreiches Packet an Überbrückungs- und Unterstützungsmaßnahmen: ein 'Look-and-see-Trip'; eine Privatschule für die Kinder, Wohnungsbeihilfen, Fahrzeug am Ort, zuweilen mit eigenem Chauffeur, Heimflüge, eine private Krankenversicherung mit Rückholservice und vieles mehr.

Ein attraktives Angebot .... und seine Konsequenzen

Trotzdem währt die Freude über derartige Aussichten meist nicht lange. Denn schon bald beginnt man, die Konsequenzen einer möglichen Zusage zu bedenken. Allen voran die Auswirkungen auf die Menschen, die einem nahe stehen: (Ehe-) Partner/in und Kinder. Deren Reaktion auf den Vorschlag des Chefs kann höchst unterschiedlich ausfallen. Sobald das Thema angesprochen ist, beginnen die Gefühle der Beteiligten, die im normalen Alltag in relativ gleichförmigen Bahnen verlaufen, Kapriolen zu schlagen. Schließlich handelt es sich nicht um einen Wochenendausflug oder eine Urlaubsreise, sondern um einen deutlichen Einschnitt in die Lebensplanung mehrerer Menschen. Psychologen bezeichnen eine Ausreise, insbesondere wenn es die erste im Leben ist, als 'major life event', ein prägendes Erlebnis in der Biografie.

In dieser Entscheidungsphase versuchen Menschen die Konsequenzen einer möglichen Ausreiseentscheidung abzuwägen – für sich selbst, aber auch für die Angehörigen und das soziale Umfeld:

- wie wird es mir dort beruflich ergehen?
- bin ich den beruflichen und privaten Anforderungen überhaupt gewachsen?
- was passiert mit meiner berufstätigen Partnerin, die ihren Job kündigen muss?
- wie werden die Kinder den Wechsel verkraften?
- gibt es dort alles was wir brauchen?
- wie gefährlich ist es dort?
- wie kommen die eigenen Eltern mit dem Wegzug der Enkel klar?
- was sagen die Freunde?

Das sind nur einige von vielen Fragen, die sich stellen, wenn man über eine Ausreise nachdenkt. Diese Fragen fordern Antworten, die Suche danach ist ein entscheidender Teil der Entscheidungsfindung. Wenn diese Antworten schnell zu dem Schluss führen, dass sich mit einer Ausreise die persönliche Situation deutlich verschlechtert, wird man wohl von dem Vorhaben absehen. Das Umgekehrte aber passiert praktisch nie: wer zu dem Schluss kommt, dass im Ausreiseland alles viel besser werden wird, ist entweder ein ausgesprochener Glückspilz oder (sehr viel wahrscheinlicher) ein realitätsfremder Träumer. Für die allermeisten aber, deren Gefühle irgendwo zwischen großer Begeisterung und Ablehnung schwanken, gilt: je mehr man sich mit dem Für und Wider einer Ausreise beschäftigt, umso komplexer wird die Entscheidung.

Den meisten Ausgereisten wurde erst während der Entscheidungsphase klar, wie vielschichtig die Fragestellung ist und wie weitreichend die Konsequenzen waren, die es abzuschätzen galt. Das daraus resultierende Gefühlschaos und die Schwierigkeiten, einzelne Aspekte der Entscheidung gegen andere abzuwägen, ist völlig normal. Jeder halbwegs verantwortungsbewusste Mensch macht sich Sorgen, wenn er in ein anderes Land zieht und Wohnort, Freunde und Arbeitsstelle wechselt, egal ob allein, als Paar oder mit der Familie. Der zufriedene Berufsnomade, wenn es ihn denn tatsächlich gibt, ist sicherlich ein einzelner, vermutlich auch ein einsamer Mensch. Die perfekte Expatfamilie, die glücklich von einem Aufenthaltsort zum nächsten umzieht, gibt es dagegen praktisch nicht. Von daher lautet unser Rat: bleiben sie ruhig und nehmen sie ihr Gefühlschaos so gelassen wie möglich hin. Andern in Ihrer Situation geht es auch nicht besser! Zwiespältige Gefühle zu dem Thema Ausreise sind kein Makel sondern die Norm!

Entscheidung unter Zeitdruck

Deshalb sollte man die Entscheidung eigentlich reiflich überlegen, doch zum Reifen bleibt meistens keine Zeit. Denn das verlockende Angebot des Chefs kommt zwar häufig mit dem fürsorglichen Hinweis daher: 'Reden Sie mal in Ruhe mit Ihrer Frau darüber.' Doch immer häufiger heißt es dann im Anschluss: 'es reicht wenn Sie mir morgen Bescheid sagen!' Zugegeben, das ist etwas überspitzt, aber die Pointe weist auf ein typisches Problem hin: wurden früher Entsendungen noch von langer Hand geplant und vorbereitet, so lastet heute auf den internationalen Stellenbesetzungen ein ungeheurer Zeitdruck. Die Globalisierung hat das Geschäftsverhalten beschleunigt und macht auch vor den Personalabteilungen nicht halt. Bis zur Jahrtausendwende waren mehrmonatige Vorbereitungsphasen vor einem Auslandstransfer noch üblich, die beteiligten Abteilungen planten 'geordnete Übergaben', sowie Gewöhnungs- bzw. Einarbeitungsphasen für die Ausreisenden und ihre Angehörigen. Heute scheint diese Zeit oft zu fehlen. Ausreisende Vertragsnehmer berichten darüber, dass sie neben den Umzugsvorbereitungen zwei Jobs gleichzeitig erledigen müssen. Zwischen der Frage nach der Bereitschaft für einen Umzug und dem Arbeitsantritt im neuen Land liegen häufig nur wenige Wochen.

Folglich wird die Entscheidungsphase für alle Beteiligten immer kürzer. Natürlich hätte man, um sich überhaupt entscheiden zu können, gern alle relevanten Informationen für eine Ausreise gesammelt – schließlich wird man nach der Bereitschaft zur (temporären) Aufgabe der heimischen Existenz gefragt. Doch dieser Wunsch nach Zeit ist heutzutage nicht realistisch. Der 'Look-and-see-Trip', also eine Erkundungsreise an den vorgeschlagenen Ausreiseort mit Ehepartner und eventuell sogar mit den Kindern ist mittlerweile zwar bei vielen entsendenden Firmen Standard. Allerdings ist der Name irreführend, suggeriert er doch, dass die Reise zum Sammeln von Informationen dient, die zur Entscheidungsfindung führen. Tatsächlich wird diese Investition im fünfstelligen Eurobereich aber in der Regel erst getätigt, nachdem der Mitarbeiter bereits sein Einverständnis zur Ausreise gegeben, zumindest jedoch ein positive Grundtendenz signalisiert hat. Fortan gelten nur noch 'Killerkriterien' als akzeptable Rückzugsgründe, ansonsten sind der Chef und die Firma ziemlich verärgert.

Wie also kommt man in einer solchen Drucksituation mit Kindern überhaupt zu einer Entscheidung? Ehe man sich an das notwendige Sammeln von detaillierten Standortinformationen macht, sollten sich Eltern mit den grundsätzlichen Fragen einer Ausreise auseinandersetzen. Hier sind ein paar Kernfragen, die man bereits bei einem Abendessen klären kann. Die Liste sollte aber durchaus individuell erweitert werden:

- **Sind alle Familienmitglieder gesundheitlich und psychisch in der Lage in einem anderen Land zu leben?**
  Hier geht es noch nicht um einen detaillierten medizinischen Check, sondern um eindeutige Ausschlusskriterien, wie etwa chronische Krankheiten oder Behinderungen, die sehr spezifische Lebensbedingungen oder Versorgungsleistungen erfordern. Gibt es versorgungsbedürftige Angehörige wie die Großeltern, die nicht für mehrere Jahre alleine gelassen werden können?

- **Können wir der Vorstellung, in dem vorgeschlagenen Land zu leben, etwas Positives abgewinnen?**
  Hier geht es zunächst um ein Grundgefühl, um Neugier und kulturelle Aufgeschlossenheit der möglichen neuen Heimat gegenüber. Das Traumland ist leider selten dabei, wenn der Chef fragt.

- **Kann man sich mit dem Zeitpunkt anfreunden?**
  Angebote zur Ausreise kommen fast immer überraschend und damit zu einem Zeitpunkt, an dem man das Gefühl hat, man sei eigentlich noch nicht so weit. Doch den richtigen Zeitpunkt gibt es nur selten! Deshalb sollte man auch diese Frage eher emotional als allzu rational beantworten.

- **Wie lange wollen wir maximal von zuhause weg sein?**
  Entsendeverträge sind typischerweise 2-3 Jahre, und werden häufig um 1-2 Jahre verlängert. Realistisch ist also über einen Zeit-

raum von 3-4 Jahren nachzudenken. Will man sich und den Kindern diese Zeit für die Erfahrung mit der fremden Kultur geben?

- **Kann man sich überhaupt leisten, nein zu sagen?**
  Das ist nicht nur ein Frage für 'Karrieristen'. Der Druck der Firmen auf viele Mitarbeiter, international mobil zu sein, hat in den letzten Jahren sehr zugenommen. Zwar bedeutet ein 'Nein' zu einer Ausreise meist nicht die Kündigung, aber die Verschiebung aufs berufliche Abstellgleis kann ein realistisches Problem werden.

Diese und ähnlich grundsätzliche Überlegungen sollte man idealer Weise bereits diskutiert haben, wenn einer der Partner in einem Unternehmen arbeitet, das in größerem Umfang Mitarbeiter ins Ausland entsendet. Spätestens nach dem konkreten Angebot der Firma, braucht man Antworten, die die grundsätzliche Richtung vorgeben: könnten wir's uns vorstellen oder eher nicht? Ein solches Grundgefühl zu entwickeln bzw. sich bewusst zu machen dauert nicht sehr lang. Man sollte dies auch ohne Kinder, gleich welchen Alters tun. Denn in dieser Anfangsphase der Entscheidungsfindung, würden diese durch die Ängste und Sorgen der Eltern leicht selbst verunsichert. Fällt das Ergebnis dieser 'Vorprüfung' negativ aus, weil Bedenken oder Ausschlusskriterien überwiegen, so kann man dies der Firma weiter kommunizieren, ohne die Kinder unnötig zu belasten.

Auch wenn die Empfindungen der Eltern gegenüber dem Projekt 'Ausreise' stark voneinander abweichen, macht es meist wenig Sinn, die Kinder mit einzubeziehen oder gar im Sinne einer Mehrheitsentscheidung zu fragen. Wenn dann etwa die mitausreisende Mutter dem Auslandsaufenthalt wenig abgewinnen kann, ihre Bedenken aber mit Rücksicht auf ihren Mann unterdrückt, ist es wahrscheinlich, dass die Kinder diese Abneigung ihrer Mutter nicht nur spüren, sondern auch 'stellvertretend' ausleben. Der Konflikt zwischen den Eltern würde damit ins Ausreiseland verschoben und auf dem Rücken der Kinder ausgetragen. Wesentlich sinnvoller ist es, vorab, also in der Entscheidungsphase zu einem tragfähigen Kompromiss zu kommen. Wenn nicht beide Eltern dem Auslandsaufenthalt zumindest einigermaßen positiv gegenüberstehen, sollten Sie von einer Ausreise mit Kindern eher absehen.

Einbeziehung der Kinder

Können die Eltern aber dem Ausreiseangebot der Firma etwas abgewinnen, ist es bald Zeit, die Kinder ihrem Alter entsprechend in den weiteren Prozess mit einzubeziehen. Denn, wie gesagt, das Angebot schafft emotionale Unruhe bei den Eltern und die lässt sich meist nicht lange vor den Kindern verbergen. Besonders etwas ältere Kinder haben meist sehr gute Antennen, wenn es um die Befindlichkeit der Eltern geht und werden neugierig. Und da der Umzug auch für ihr Leben eine große Veränderung bedeuten wird, sollten sie auch so gut es eben geht mit einbezogen werden. Denn idealer Weise wollen sie ja eine Entscheidung treffen, die den Bedürfnissen aller Familienmitglieder zumindest einigermaßen gerecht wird.

Viele Ausgereiste bestätigen, dass es sinnvoll und notwendig ist, die eigenen Emotionen gegenüber einer Ausreise den Kindern möglichst nur 'gefiltert' weiterzugeben. Natürlich spricht nichts dagegen, den eigenen Enthusiasmus mit den Kindern zu teilen. Wenn aber ein Elternteil der Entscheidung skeptisch oder eher ablehnend gegenüber steht, ist es wichtig, die Kinder nur sehr dosiert mit den eigenen Ängsten oder Bedenken zu belasten. Damit auch die Kinder dem Umzug in ein anderes Land etwas abgewinnen können, brauchen sie die Zuversicht ihrer Eltern, dass das Familienabenteuer gut für sie ausgehen wird. Denn die emotionale Stabilität, besonders von kleineren Kindern, hängt in hohem Maße von der Befindlichkeit der Eltern, vor allem der Mutter, ab. Erst im Pubertätsalter dominiert das soziale Umfeld, die Freunde und Bezugsgruppen (Peergroups) über den Einfluss der Eltern.

Es ist also durchaus sinnvoll und wünschenswert schon in einem frühen Stadium die Kinder mit einzubeziehen. Natürlich gilt das nicht für Kleinkinder, aber sicherlich ab etwa dem sechsten Lebensjahr sollte man den Kindern Gelegenheit geben, ihre Wünsche und Befürchtungen bezüglich eines möglichen neuen Wohnortes zu äußern. Was würde ihnen an einem Umzug gefallen, was würde sie reizen? Aber auch: Was sind Ihre Ängste und Befürchtungen? Was brauchen sie, um sich wohl zu fühlen? Einige Ausgereiste empfehlen als Rahmen ein Familienmeeting, also eine Besprechung in der auch ein Schreibblock nicht fehlen sollte, auf dem

Fragen und Unklarheiten aufgenommen werden. Auch ein Atlas, ein Bildband von dem Land oder ein Computer mit Internetzugang sind sicherlich nützlich, um schon einmal erste Eindrücke von dem möglichen neuen Wohnort einzuholen. Natürlich sollte eine solche Besprechung entsprechend vorbereitet sein, denn nicht jede spontan 'gegoogelte' Information über den möglichen neuen Wohnort ist für Kinder unbedingt motivationsfördernd.

Aus derartigen Erörterungen der Eltern und im Familienkreis erwachsen zahlreiche Fragen, die es nun zu beantworten gilt, um zu einer fundierten und belastbaren Entscheidung über die Ausreise zu kommen. Dazu bieten sich zahlreiche Quellen an:

- **Die Personalabteilung**: Innerhalb der Firmen gibt es in der Regel eine Infrastruktur, auf die der zu entsendende Mitarbeiter zurückgreifen kann. Da ist zunächst als zentraler Ansprechpartner die Personalabteilung, bzw. bei größeren Firmen eine Abteilung, die sich speziell mit Transfers beschäftigt. Hier sollten eigentlich eine Vielzahl relevanter Standortinformationen zur Schulsituation, Versorgungs- und Sicherheitslage, Kostentabellen etc. zur Verfügung stehen. Diese sollte man natürlich schon in der Entscheidungsphase abrufen, um die neue Lebenssituation möglichst genau einschätzen zu können. Vielleicht gibt es auch eine entsprechende Datenbank im Intranet Ihres Unternehmens, eine Informationsmappe oder einen speziellen Expatriate-Reiseführer. Wenn die vorgeschlagene Ausreise im Rahmen eines größeren Projekts stattfindet, werden häufig im Vorfeld auch Informationsveranstaltungen von der Personalabteilung organisiert.

- **Die Kollegen**: Wichtiger als schriftliche Informationen aber sind in der Orientierungsphase vor allem Adressen von Mitarbeitern, die vor Ort mit Kindern leben oder von Rückkehrern, die vor nicht allzu langer Zeit dort gelebt haben. Idealerweise haben die entsandten Kollegen Nachwuchs in einem ähnlichen Alter, wie Sie selbst. Zögern Sie nicht, solche Kollegen zu kontaktieren und ausführlich zu befragen. Sie werden feststellen, dass die Bereitschaft Ihnen Auskunft zu geben, im Allgemeinen sehr groß ist. Auf diese Weise wird so manch kritische Frage schnell beantwortet und so manche Angst bezüglich der Situation im Ausreiseland wird dadurch genommen. Solche Kontakte können die Vorbereitung und den Einstieg enorm erleichtern und im Idealfall gar zu den ersten Freundschaften, auch unter den Kindern, führen.

- **Das Internet**: Das Netz ist heutzutage eine hilfreiche, und für die Ausreisevorbereitung unabkömmliche Informationsquelle geworden. Am Anfang stehen meist die touristischen Seiten, auf denen die Städte von ihrer schönsten Seite präsentiert werden und auf denen man Sehenswürdigkeiten und Freizeitmöglichkeiten erkunden kann – so manches Kind holt sich hier einen kräftigen Motivationsschub. Außerdem kann man sich dort über Schulen, die

Wohnsituation, den Verkehr, Reisemöglichkeiten, aber auch über lokale Speisen, Sprachen und andere kulturelle Gegebenheiten informieren. Besonders wichtig darin sind die

- **Foren im Internet**: Viele Städte, in denen eine große Anzahl Ausländer leben haben eigene Expatriate-Foren. In manchen Städten, wie etwa Schanghai gibt es gleich mehrere davon, dann ist auch meist eins in deutscher Sprache dabei. Hier kann man lokal lebenden Expatriates Fragen jeglicher Art stellen. Diese Kommunikationsplattformen dienen Neuankömmlingen aber auch Menschen in der Vorbereitungsphase dazu, nötige Informationen zu bekommen. Zum Einstieg gibt es meistens eine Themenübersicht, auf der auch häufig das Thema 'Kinder' in irgendeiner Form auftaucht. Auch hier gilt: nur keine Scheu davor, die Menschen zu kontaktieren. Meist sind die Informanten freundlich und auskunftsbereit und haben viel Verständnis für die eigene, von Unsicherheit geprägte Situation, weil sie sie selbst schon einmal durchlebt haben. Außerdem kann aus dem virtuellen natürlich ein realer Kontakt werden.

- **Bücher und Zeitschriften:** Diese klassischen Informationsmittel taugen in Entscheidungsphase meist nur als Illustration. Literatur, die sich mit Ausreisethemen beschäftigt, ist um so schwieriger erhältlich, je spezieller die Themen sind. Während Reiseführer für Touristen für viele Länder und Städte erhältlich sind, findet man

Bücher für angehende Expatriates nur für die allerwenigsten Standorte. Der Grund liegt in der vergleichsweise geringen Leserzahl und dem schnellen Altern der Informationen. Selbst bei überregionalen Buchhändlern wie *Amazon* wird man da kaum fündig.

Die zentrale Frage, die es mit Hilfe der genannten Informationsquellen für eine ausreisende Familie zu klären gilt lautet: können wir alle an dem vorgeschlagenen Wohnort für 3-4 Jahre leben? Dazu gilt es, sich die eigenen Bedürfnisse und die der Kinder bewusst zu machen.

Es liegt auf der Hand, dass man bei Kindern, die gesundheitlich beeinträchtigt sind, an einer Behinderung leiden oder verhaltensauffällig sind, im Einzelfall genau prüfen wird, ob die nötige medizinische oder therapeutische Versorgung am ausländischen Standort gewährleistet werden kann. Auch die Frage, ob ein vorhandenes Problem durch die Konfrontation mit einer fremden Kultur und Sprache verschärft werden kann, gilt es zu prüfen.

Weiterhin gibt es Standorte im Ausland, die nicht unbedingt familientauglich sind: Gewiss wachsen überall auf der Welt Kinder auf und es gibt auch keinen Beleg dafür, dass Kinder in einem Dorf der Dritten Welt unglücklicher wären als in einer deutschen Großstadt. Aber die Kinder der deutschsprachigen Auslandsmitarbeiter sollen sich ja nach dem zeitlich begrenzten Auslandsaufenthalt auch wieder in der Heimat zurecht finden können. Spätestens ab dem Grundschulalter haben sie auch klare Erwartungen an die Infrastruktur ihres Wohnortes. Daneben wollen sie vor allem Freunde und Spielkameraden, mit denen sie ähnliche Interessen teilen können. Von daher ist vor allzu abgelegenen Standorten, vor allem in Entwicklungs- und Schwellenländern, eher zu warnen.

Allerdings sorgen meist schon die Anforderungen an die ausländische Schule dafür, dass Eltern entsprechende Standorte meiden. Von daher ist das Vorhandensein einer deutschen oder internationalen Schule in der Nähe des Arbeitsortes in aller Regel eine Grundanforderung an den künftigen Wohnort für Expatriates, die planen mit Kindern auszureisen. Gibt es vor Ort nichts entsprechendes, wird das in aller Regel als triftiger Ablehnungsgrund für eine Entsendungsanfrage akzeptiert.

Problematisch sind auch Standorte mit extrem hoher Kriminalität, sofern dort angenommen werden muss, dass auch – ausländisch aussehende und damit potentiell reiche – Kinder Opfer krimineller Akte werden können. Prinzipiell ist es zwar überall möglich, die Gefährdung der Kinder auf ein vertretbares Maß zu begrenzen. Meist bedeutet das allerdings eine starke Einschränkung der Bewegungsfreiheit und Selbständigkeit. Spätestens ab etwa 10 Jahren, wenn Kinder beginnen selbständig auch entferntere Gegenden zu explorieren, erleben sie solche Sicherheitsmaßnahmen als Beschneidung ihrer Bewegungsfreiräume. Ein solches Aufwachsen im 'goldenen Käfig' finden Eltern aus dem deutschsprachigen Kulturraum meist als äußerst unbefriedigend.

Reaktionen von Kindern und Jugendlichen

Für Kinder sind die Reaktionen aus dem Umfeld wesentlich für die eigene Einstellung zum Auslandsaufenthalt. Dies betrifft zunächst die eigenen Eltern: Spannungen in der Familie werden seismographisch wahrgenommen. Wenn nicht beide Elternteile dem Vorhaben Auslandsaufenthalt prinzipiell positiv gegenüberstehen, wird es kaum gelingen, den Kindern Vorfreude zu vermitteln. Daher ist es ideal, wenn beide Elternteile dem Vorhaben Auslandsaufenthalt prinzipiell positiv gegenüber stehen. Wer mit Rücksicht auf den Partner seine eigenen Bedürfnisse unterdrückt, wird sich schwer damit tun, den Kindern gegenüber Vorfreude zu vermitteln. Die Kinder werden es wahrscheinlich spüren und sich ihrerseits schwer damit tun, Vorfreude zu entwickeln. Eine zumindest verhalten positive Grundeinstellung ist nötig. Wer die nicht aufbringen kann, muss damit rechnen, dass auch die Kinder massive Widerstände gegen das Projekt anmelden werden.

Denn die Reaktion der Kinder auf die Aussicht eines Umzugs ins Ausland ist ja umgekehrt auch bedeutsam für die Ausreiseentscheidung der Eltern. Nicht alle Kinder sind begeistert von der Vorstellung, die gewohnte Umgebung zu verlassen. Im Gegenteil, viele zeigen eine mehr oder minder massive Ablehnung dieses Vorhabens. Vor allem ältere Kinder oder Jugendliche haben einen festen Freundeskreis und sind nicht so ohne weiteres bereit, diesen vertrauten Rahmen aufzugeben.

Jugendliche, die im allgemeinen darauf bedacht sind, ihre Unabhängigkeit zu betonen, reagieren besonders ablehnend, wenn sie vor vollendete Tatsachen gestellt werden, wenn ihre Meinung nicht gefragt ist, oder wenn es keine Bemühungen gibt, ihnen Hintergründe zu erklären. Für die Eltern ist es daher wichtig, ihnen deutlich zu machen, was an Beweggründen hinter ihrem Ausreisewunsch steht ('Warum gehen wir?') und zu realisieren, dass auch das Kind, ähnlich wie die Eltern, Überlegungen über Pros und Contras für sich anstellt.

Auch Kinder oder Jugendliche versuchen, abzuwägen, was sie mit dem Auslandsaufenthalt gewinnen und verlieren. Eltern können bei diesen Überlegungen helfen. Dabei macht es allerdings wenig Sinn, quasi akademisch über die Möglichkeiten von Persönlichkeitsentwicklung, von Horizonterweiterung oder ähnlichem zu sprechen. Nicht nur bei kleinen Kindern müssen die positiven Möglichkeiten greifbar, konkret und möglichst nah an der aktuellen Situation sein.

Umfragen haben gezeigt, dass Kinder und Jugendliche, unabhängig davon, ob sie bereits Erfahrungen mit Auslandsaufenthalten gemacht haben oder nicht, sehr ähnliche Hoffnungen, aber auch Befürchtungen in Bezug auf einen bevorstehenden Umzug ins Ausland haben.

Anregend und motivierend wirkt danach für viele die Aussicht, neue Freunde gewinnen zu können und Fremdes kennenzulernen. Deutlich an erster Stelle der Befürchtungen steht andererseits aber die Angst, solche neuen Freunde nicht zu finden und damit vor allem die Angst als 'der oder die Neue' in der neuen Gemeinschaft ausgegrenzt und abgelehnt zu werden. Bei älteren Kindern treten zunehmend auch Sorgen über den schulischen Erfolg hinzu.

Verschiedenen Untersuchungen zufolge unterscheiden sich nicht selten die Befürchtungen der Eltern deutlich von denen ihrer Kinder. Während Eltern sich oft, unabhängig vom Alter der Kinder, viel mehr Sorgen um die schulische Adaption ihrer Kinder machen, geht es den ausreisenden Kindern und Jugendlichen stärker um die Frage der Kontakt- und Beschäftigungsmöglichkeiten vor Ort.

Kinder unter 10 Jahren haben eine nur geringe Imaginationsfähigkeit in Bezug auf das, was sie in der Zukunft erwartet und können sich von daher kaum vorstellen, was im Ausland auf sie zukommt. Ihre Einstellung zu einem möglichen Umzug wird daher in hohem Maße durch die Reaktionen aus ihrem Umfeld bestimmt, nicht nur der Eltern, sondern beispielsweise auch der Großeltern und ihrer Freunde. Zugleich erleben sie - und auch das prägt maßgeblich ihre Reaktion - ein Gefühl des drohenden Verlustes bezüglich ihres vertrauten Lebensumfeldes, das um so stärker empfunden wird, je älter die Kinder sind. Insbesondere Jugendliche im Pubertätsalter (ab ca. 12 Jahren) zeigen häufig Widerstände gegen die bevorstehende Ausreise, worauf nachfolgend noch näher eingegangen wird.

Von daher kann es im Sinne einer möglichst einvernehmlichen Familienentscheidung hilfreich sein, im Familien- und Freundesumfeld vorweg Sympathiewerbung für das Projekt 'Ausreise' zu betreiben, insbesondere wenn bei den Gesprächen mit den Kindern starke Widerstände zu befürchten sind. Neben einer Zuversicht, die wie gesagt, vor allem von den Eltern ausgehen muss, sollte man den Kindern vor allem Verständnis für die aufkommenden Sorgen und Verlustängste entgegenbringen. Daneben ist wichtig den Kindern genaue Informationen an die Hand zu geben, um das potenzielle neue Lebensumfeld für sie konkreter werden zu lassen.

Idealerweise steht am Ende der Entscheidungsphase ein von allen Familienmitgliedern getragener Beschluss, sich auf das Abenteuer Ausreise einzulassen. Die Bezeichnung 'Abenteuer' macht hier durchaus Sinn, denn es geht um etwas Neues, Fremdes und Ungewohntes und es geht um den experimentellen Charakter des ganzen Unterfangens. Wenn sich nach einiger Zeit vor Ort herausstellt, dass bestimmte Bedingungen völlig anders sind oder sich anders entwickeln, als man es zum Zeitpunkt der Entscheidung angenommen hat, muss es möglich sein, die Entscheidung noch einmal zu überdenken und gegebenenfalls zu revidieren. Es wird die Entscheidung sicherlich erleichtern, wenn man sich diesen provisorischen Aspekt immer wieder deutlich macht. Wer nicht voller Überzeugung und mit großer Begeisterung einem Wechsel ins Ausland zustimmen mag, kann ja trotzdem bereit sein, es 'mal auszuprobieren' und sich auf das Experiment oder Abenteuer des Lebens im Ausland für eine begrenzte Zeit einzulassen. Das gilt für die Erwachsenen, wie für die Kinder. Denn so manch einer konvertiert vor Ort vom Bedenkenträger zum größten Fan der neuen Umgebung.

Überblick: Entscheidungsfindung

- ✓ **Verunsicherung:** Die Ausreiseentscheidung führt häufig zu einem Gefühl der Verunsicherung. Akzeptieren Sie das innere Chaos – es ist normal! Andern geht es auch nicht besser!
- ✓ **Zeitdruck**: Normal ist leider auch, dass die Entscheidung unter Zeitdruck getroffen werden muss. Sie müssen leider akzeptieren, dass nicht alle Informationen, die Sie gern über das Leben im angebotenen Gastland hätten, zur Verfügung stehen.
- ✓ **Grundsatzfragen:** Schon wenn einer der Partner in einem Unternehmen arbeitet, das in größerem Umfang Mitarbeiter ins Ausland entsendet, sollte man sich mit einigen grundsätzlichen Fragen zum Thema Ausreise auseinandersetzen. Ist das Angebot da, sollte man sich ohne die Kinder zunächst nur darauf konzentrieren: Gibt es bei Ihnen gesundheitliche Ausschlusskriterien, sowie Sympathie für eine Ausreise und das vorgeschlagene Gastland? Was ist die mittelfristige Lebensplanung für die Familienmitglieder und wie lange sollte eine Ausreise maximal dauern? Welche Konsequenzen hat eine Ablehnung?
- ✓ **Informationsquellen:** Wichtige Hinweise, die bei der Entscheidungsfindung helfen sind neben einem Besuch des Gastlandes die Personalabteilung, Kollegen (vor Ort und Rückkehrer), das Internet, darin besonders Expatriate-Foren und (wenige) Bücher.

- ✓ **Reaktionen der Kinder:** Der Umgang der Kinder mit der Ausreisefrage wird maßgeblich von der Grundstimmung der Eltern geprägt. Wenn nicht beide dem Auslandsaufenthalt zumindest einigermaßen positiv gegenüberstehen, sollten Sie von einer Ausreise mit Kindern eher absehen. Entschließt man sich dennoch dazu, sollten die Vorbehalte und Ängste den Kindern nur sehr dosiert vermittelt werden.
- ✓ **Bedürfnisse berücksichtigen:** Den Kindern sollte man unbedingt Gelegenheit geben, ihre Wünsche und Befürchtungen bezüglich eines möglichen neuen Wohnortes zu äußern. Besonders bei kleinen Kindern müssen die positiven Möglichkeiten greifbar, konkret und möglichst nah an der aktuellen Situation sein. Finden Sie heraus, wie vor Ort die Kontakt- und Beschäftigungsmöglichkeiten für Kinder sind. Denn:
- ✓ **Befürchtungen ernst nehmen:** Die wichtigste Befürchtung von Kindern ist meist die Angst, am neuen Wohnort keine Freunde zu finden.
- ✓ **Ablehnungsgründe:** Fehlende Beschulungsmöglichkeiten und hohe Kriminalität im Gastland sind akzeptierte Gründe Ausreiseangebote abzuschlagen.

3 Die Vorbereitung

Nachdem die Entscheidung, den Schritt ins Ausland zu wagen, getroffen wurde, beginnen die konkreten Vorbereitungsschritte. Meistens beginnt diese Phase mit einem Besuch bei der Personalabteilung, die einen auf die zahlreichen zu klärenden und zu organisierenden Aspekte eines solchen Unternehmens hinweist. Die schiere Anzahl und Komplexität der Dinge kann überwältigend sein. Doch wie mit jedem großen Projekt hilft eine Aufteilung des großen Berges in kleine, überschaubare Sandhaufen enorm. Zu diesem Zwecke gibt es häufig von den Personalabteilungen aber auch in der einschlägigen Ausreiseliteratur entsprechende Checklisten die von Arztbesuchen bis Zollformalitäten alle Aspekte einer Ausreise abdecken. Welche davon sind nun für Kinder wichtig und wie bereitet man sie am besten auf eine Ausreise vor?

Ehrlichkeit als Grundvoraussetzung

Im vorigen Kapitel erläuterten wir die Bedeutung einer positiven Grundeinstellung zur Ausreise den Kindern gegenüber. Dennoch kann und sollte sich niemand verbiegen. Ehrlichkeit ist durchaus gefragt und wird auch von den Kindern gewünscht. Sie dürfen und sollten Ihren Kindern durchaus verdeutlichen, dass auch für Sie der Umzug ins Ausland mit Abschiedsschmerz und Ungewissheit über die Zukunft verbunden ist, dass Sie aber nichts desto weniger überzeugt sind, dass der Auslandsaufenthalt für die ganze Familie 'unterm Strich' eine gute Erfahrung wird.

Es mag objektive Zwangslagen geben, die Eltern veranlassen, einer Auslandsentsendung zuzustimmen, auch wenn sie eigentlich nicht – oder nicht beide – davon überzeugt sind, dass dies ein guter Schritt ist. Dies ist ohnehin keine gute Ausgangssituation, erst recht nicht für einen Auslandsaufenthalt mit Kindern. Auch in diesem Falle dürfte es jedoch besser sein, den Kindern 'kindgerecht' zu erklären, weshalb der Umzug unvermeidlich ist, obwohl ihm niemand mit Freude entgegen sieht, als den Kindern eine falsche Begeisterung vorzuspielen.

Denn wie unangenehm Kindern der Gedanke an einen bevorstehenden Umzug auch sein mag, wenn bei den Kindern zusätzlich der Verdacht aufkommt, dass ihre Eltern mit ihnen in dieser wichtigen Sache nicht ehrlich sind, untergräbt dies nicht nur das Vertrauen in die Eltern, sondern öffnet auch die Tür für ein weites Feld an völlig überzogenen Spekulationen, was die schreckliche Wahrheit sein mag, die sich die Eltern offensichtlich nicht mitzuteilen trauen.

Das Umfeld einbeziehen

Ältere Kinder beginnen, die Positionen ihrer Eltern anhand der Reaktionen wichtiger anderer Personen aus dem Umfeld zu überprüfen. Die Reaktionen aus der Gruppe der Gleichaltrigen können Eltern natürlich kaum beeinflussen, doch empfiehlt es sich, mit Großeltern, Erziehern,

Lehrern oder anderen wichtigen erwachsenen Bezugspersonen zu sprechen. Auch diese sollten den Kindern gegenüber nicht lügen, aber sie benötigen vielleicht einige zusätzliche Informationen seitens der Eltern, um nachvollziehen zu können, weshalb diese die Übersiedlung ins Ausland für durchaus im Einklang mit dem Wohl der Kinder halten.

Ähnlich wie negative Reaktionen werden natürlich auch positive Bewertungen aus dem Umfeld verarbeitet: Denn auch wenn die Eltern im Zentrum der Informationsbeschaffung stehen, sollten sie nicht die alleinige Informationsquelle über den künftigen Wohnort sein. Wunderbar, wenn die Erzieher im Kindergarten oder Lehrer in der Grundschule eine Lehreinheit einschieben können, die das Leben in Ihrem Einsatzland als interessant und positiv erscheinen lässt! Manche Ausreisende berichteten uns, dass die Lehrer die Anregung sogar dankbar aufnahmen und entsprechende Projekte oder Einheiten in den Unterricht einbauten.

Die Informationsbeschaffung über das Ausreiseland sollte als eine gemeinsame Familienaktivität angegangen werden. Je älter die Kinder sind, um so wichtiger ist es, sie in die Planung und Vorbereitung der Ausreise mit einzubeziehen. Denn auch für sie ist es wichtig, dass ihre Wünsche und Bedürfnisse an diesem Familienprojekt soweit wie möglich berücksichtigt werden. Diese sollte man in intensiven Gesprächen von den Kindern selbst, bzw. von ihren Lehrern und Erziehern erfragen.

Kinder denken allerdings nicht unbedingt so weit voraus wie Erwachsene. Seien Sie nicht frustriert, wenn Ihre Kinder sich im Vorfeld der Ausreise nur punktuell und nur für wenige – vielleicht aus Erwachsenenperspektive eher irrelevante – Aspekte ihres künftigen Wohnorts interessieren! Schließlich wollen sie vor allem ernst genommen und in ihrer Unsicherheit und Unkenntnis über die sich verändernde Lebenssituation akzeptiert werden.

Die Recherche beginnt

Die Verfügbarkeit an kindgerecht aufgearbeiteten Informationsquellen über ausländische Standorte hat in den letzten Jahren stark zugenommen. Vor allem im Internet sind hier zahllose Seiten entstanden, die dem durch die Ausreiseentscheidung geweckte Informationsbedürfnis der Kinder nachkommen. Auch deutsche oder internationale Schulen und viele lokale Schulen in den USA oder europäischen Ländern haben eigene Homepages.

Im Internet finden sich auch zahlreiche Berichte und Blogs deutscher Austauschschüler aus unterschiedlichen Ländern, vor allem europäischen, aber auch aus den USA, Australien, Neuseeland oder Südafrika. So unterschiedlich die Situation eines Austauschschülers in einer einheimischen Gastfamilie von der eines ausreisenden Jugendlichen auch ist: Über Schulsituation, Freizeitmöglichkeiten, Umgang mit Einheimischen können ausreisende Jugendlich auch viel aus den Berichten von Austauschschülern lernen.

Natürlich müssen die Eltern eine derartige Recherche altersentsprechend begleiten. Neben Büchern und Internet könnte man vielleicht auch einen Museums- oder Ausstellungsbesuch mit einplanen. Denkbar sind auch Filmabende und Restaurantbesuche, um der Kultur und den Gewohnheiten der Menschen näher zu kommen.

Einige Ausgereiste, mit denen wir sprachen, empfahlen für Kinder im Alter von etwa 6-10 Jahren eine Art Sammelstelle einzurichten, an der die gefundenen Informationen zusammen getragen werden. Dies kann eine Pinwand sein, ein Fotoalbum oder auch eine virtuelle Wand im Web – jedenfalls ein Platz, an dem das Kind seine Eindrücke von der neuen Heimat bündeln kann.

Ähnlich versuchen auch manche Bücher (vgl. Swol-Ulbrich) die Vorbereitung der Kinder als einen kreativen Aneignungsprozess der fremden Kultur zu gestalten. Denkbar ist auch eine Art Tagebuch anzulegen, mit dem die Kinder die Wechselsituation dokumentieren, vor allem aber ihren eigenen Gefühlen dazu einen Ausdruck verleihen können.

Der 'Look-and-see-Trip' (Informationsreise)

Ältere Kinder sollten wenn möglich an einer Informationsreise an den künftigen Wohnort teilnehmen. Geht dies nicht, so sollte man die Kinder in die Planung des 'Look-and-see-Trips' mit einbeziehen. Besprechen Sie mit den Kindern, welche Fragen der Kinder während der Inforeise möglichst geklärt werden sollen. Neben Schulen, Versorgungs- und Freizeitmöglichkeiten sollen Sie auch an das lokale Medienangebot (TV, Kinos, Internet) denken. Idealerweise sollten Sie deutsch-sprechende

Nachbarn in der Wohnanlage dazu befragen, denn die technischen Voraussetzungen für den Empfang können lokal stark variieren.

Außerdem sollten Sie vor Ort interessante Souvenirs sammeln. Geldscheine, Briefmarken, Telefonkarten wecken ganz automatisch Neugierde. Natürlich sollten Sie Videokamera und Fotoapparat dabei haben um hinterher zu zeigen, wie das neue Zuhause, die neue Schule, die Restaurants, aber auch die Menschen aussehen. Dabei sollte man selbstverständlich auch darstellen, was man so alles machen kann: der Zoo, das Sportzentrum, der Swimmingpool, der Strand oder ähnliche Attraktionen können die Begeisterung der Kinder wecken. Aber auch ein Foto vom lokalen MacDonalds Restaurant oder Burger King kann in der Vorbereitungsphase eine wichtige 'vertrauensbildende Maßnahme' sein.

Der ungewisse Rest

Doch trotz aller Informationen bleiben Unklarheiten und Unwägbarkeiten. Nicht alles lässt sich aus dem Internet oder von Landsleuten vor Ort erfahren. Es bleibt eine Ungewissheit, die man den Kindern auch so weitergeben sollte. Wichtig ist dabei, die beruhigende Aussicht zu vermitteln, dass die allermeisten Kinder eine solche Ausreise im Nachhinein als positiv erlebt haben. Sie beschreiben ihre Erfahrungen in der Fremde als gewinnbringend in Bezug auf die vorgefundenen Aktivitätsmöglichkeiten. Sie berichten häufig von positiven Erlebnissen, die sie so zu Hause nicht gehabt hätten. Trotzdem ist es vor der Ausreise für die Eltern natürlich nicht einfach, diese eigentlich beruhigenden Botschaften ihren Kindern entsprechend zu vermitteln.

Aus Angst vor den ablehnenden Reaktionen und der Trauer ihrer Kinder gehen sie zuweilen den vermeintlich 'sichereren Weg' und stellen ihnen anlässlich der Ausreise die Erfüllung eines wichtigen materiellen Wunsches in Aussicht. Solche 'Bestechung zur Ausreise' wird von den Kindern vermutlich gern mitgenommen. Doch sollten sich die Eltern darüber im Klaren sein, dass sie damit keine grundsätzliche Umbewertung des Ausreise erreichen können. Denn Trauer über das, was man zurück lässt und Angst vor dem Neuen gehören zu Abschieden nun mal dazu. Abschiedsschmerz ist eine gesunde, normale, ja positive Reaktion, die zeigt, dass einem das, was man hat, lieb und wert ist. Der Abschiedsschmerz der Kinder sollte bei Eltern keine Schuldgefühle hervorrufen!

Es gilt also, Trauer, Abschiedsschmerz und Ängste vor der Zukunft ernst zu nehmen, ohne sie zu dramatisieren aber auch ohne zu versuchen, sie wegzureden oder wegzukaufen. Wenn es auf dieser Basis gelingt, die Attraktivität des Ziellandes durch die Aussicht auf die Erfüllung eines großen Wunsches zu steigern, umso besser!

Den Abschied gestalten

Auch wenn möglicherweise Verluste damit noch bewusster werden, ist es wichtig, den Kindern den Abschied bewusst zu machen und sie nicht in der Vorstellung zu belassen, sie seien 'nur mal kurz weg'. Dazu gehört beispielsweise die Verabschiedung von Freunden mit Abschiedsfeiern oder die aktive Beteiligung am Umzug durch Einpacken der eigenen, persönlichen Gegenstände. In vielen Gesprächen wurde von Eltern betont, wie wichtig diese Erlebnisse für ihre Kinder gewesen seien. Die Konfrontation der Kinder oder Jugendlichen mit dem ohne eigenes Zutun plötzlich leer geräumten Zimmer führt zu Destabilisierung, Unsicherheit und Ablehnung.

Im Zusammenhang mit dem Einpacken des Umzugsgutes gibt es für die Eltern einige wichtige Empfehlungen:

- Das Lieblingsspielzeug der Kinder gibt sowohl auf der Reise als auch in den ersten Tagen und Wochen vor Ort Halt und Sicherheit; es nützt wenig, wenn es im Container verpackt ist, der möglicherweise erst nach Wochen eintrifft.

- Im Zuge der Anpassung vor Ort und dem damit verbundenen Stress kann es zu Regressionserscheinungen kommen: bereits abgelegte Verhaltensweisen tauchen bei den Kindern möglicherweise wieder auf. Auch abgelegte und vergessen geglaubte Lieblingsspielzeuge können daher plötzlich wieder an Bedeutung gewinnen. So empfiehlt es sich, auch diese in das Reisegepäck aufzunehmen, anstatt den Umzug zum Anlass zu nehmen, sie nach dem Motto 'damit spielst Du ja ohnehin nicht mehr' auszusortieren.

- Viele Spielzeuge wie etwa Gesellschaftsspiele und Bücher in deutscher Sprache werden vor Ort nicht leicht erhältlich sein. Daher sollte für zukünftige Geburtstage der Kinder oder andere Anlässe auch hiervon ein Vorrat mitgenommen werden.

Kontinuität gewährleisten

Um Verlust- oder Fremdheitsängste zu mildern, ist es auch sinnvoll, in Gesprächen mit den Kindern immer wieder herauszustellen, in welchen Punkten sich ihr Leben *nicht* verändern wird. Damit wird Kontinuität betont und ein Stück weit Sicherheit gegeben.

Für Kinder macht sich die Kontinuität nicht nur daran fest, dass die Eltern ihnen erhalten bleiben, sondern auch an Regeln, Ritualen und Gegenständen. Dies bedenkend sollten Eltern etwa die Vorhänge im Kinderzimmer durchaus einpacken, auch wenn sie an die zukünftigen Fenster vielleicht nicht optimal passen werden oder – besser noch – schon Zuhause mit den Kindern den Stoff für die neuen Vorhänge aussuchen und davon dann eben so viel beschaffen, dass er für alle Eventualitäten genügt. Das ist natürlich nur ein Beispiel. Das dahinterstehende Prinzip lautet ganz einfach: Seien Sie beim Packen des Umzugsgutes der Kinder nicht zu erwachsenen-pragmatisch, sondern berücksichtigen Sie vor allem den emotionalen Wert und die Funktion für 'Vertrautheit' und 'Kontinuität'.

Fernsehen gehört stärker zu den Familienritualen als sich manche Eltern einzustehen bereit sind: Die 'Sendung mit der Maus', das 'Sandmännchen' oder 'Wissen macht Aah' sind für viele Kinder wichtige Rituale, die Stabilität vermitteln. An manchen Standorten wird es möglich sein, derartige Sendungen via Satellit, Internet oder über einen Zusendedienst zu empfangen. Je schwieriger sich das gestaltet, um so wichtiger ist es einen genügenden Vorrat an deutschsprachigen Kinderfilmen einzupacken, mit denen man das Medienangebot im Ausland ergänzen kann.

Unser Wohlbefinden wird auch stark davon beeinflusst, was wir essen und wie wir essen. Der vertraute Rahmen beim Einnehmen der Mahlzeiten wirkt auf die Kinder stabilisierend. Von daher lohnt es sich natürlich, vor der Ausreise eine Liste mit Lieblingsspeisen zu machen und entsprechende Vorräte mit auf die Reise zu nehmen. Ein unerwartet aufgetauchtes Nutella-Glas hat schon so manchen schlechten Tag im Ausland etwas freundlicher aussehen lassen!

Besonders wichtig ist unter dem Stichwort 'Kontinuität', dass der Kontakt mit bisherigen Freunden und Freundinnen aufrecht erhalten werden kann. Von daher sollte man daran denken, rechtzeitig aktualisierte E-Mailadressen und Telefonnummern zusammen zu tragen. Allerdings sind die wenigsten Kinder ausdauernde E-Mail Schreiber, insbesondere die daheim gebliebenen Freunde finden meist wenig aus ihrem Alltag berichtenswert. Bei Telefonaten sind die Zeitzonen ein nicht zu unterschätzendes Problem. Heutzutage sind die Wochentage der meisten Kinder sehr stark durchorganisiert und mit Terminen belegt. Reist man in Länder mit mehrstündiger Zeitverschiebungen aus, bleibt daher häufig nur das Wochenende zum telefonieren.

Darüber hinaus kann man während der Vorbereitungsphase die Eltern der Freunde, aber natürlich auch Großeltern und Verwandte, dazu ermuntern (oder dabei unterstützen), entsprechende Softwareprogramme

(z. B. Skype) zu installieren und ein Headset und eine preiswerte Webcam für Videotelefonate zu besorgen, falls noch nicht vorhanden. Vor der Ausreise diese Möglichkeiten zu testen, ist für Kinder spannend und vermittelt die Gewissheit, dass der Kontakt zumindest 'virtuell' nicht abreißen muss.

Allerdings ist es realistisch anzunehmen, dass diese Kommunikationsangebote von den meisten Kindern im Ausland nicht lange intensiv genutzt werden. Zumindest bei vorpubertären Kindern wird der bisherige Freundeskreis bald durch einen neuen ersetzt und das Bedürfnis, die alten Kontakte zu pflegen, lässt auf beiden Seiten bald nach. Kinder sehen das jedoch weniger pragmatisch und wollen nicht hören, wie flüchtig ihre Beziehungen sind. Die Aussicht, mit Freunden in Kontakt bleiben zu können, wirkt stabilisierend und hilft über den Abschiedsschmerz hinweg.

Um den Abschied zu erleichtern und zugleich einen Punkt in der Zukunft zu schaffen, den das Kind sich gut vorstellen und auf den es sich schon heute freuen kann, hat es sich auch bewährt festzulegen, wann es ein Wiedersehen mit den Freunden geben und wie es aussehen wird. So kann es den Kindern in der Phase des Abschieds durchaus helfen, sich auf ein großes Fest mit den Freunden beim nächsten Heimaturlaub zu freuen. Auch hier zeigt die Erfahrung, dass die 'Idee' dieses Treffens weit wichtiger ist als seine tatsächliche Realisierung.

Der Abflug

Irgendwann ist es dann soweit: die Spedition hat den Inhalt von Haus oder Wohnung in Kisten verpackt und auf den Weg gebracht. Das Reisegepäck ist in den Koffern und nun steht der Flug an. Manchen ausreisenden Kindern steht nun die weiteste Flugreise ihres Lebens bevor und entsprechend groß ist die Aufregung. Doch auch die Eltern sind vermutlich nervöser als das bei einem normalen Familienurlaub der Fall ist. Einige Stressfaktoren kann man durch Vorbereitung aus dem Weg räumen:

- Falls Ihr Unternehmen für mitausreisende Partner/innen und Kinder keinen Business-Flug gewährt, buchen Sie Ihre Economy-Sitzplätze möglichst frühzeitig. Finden Sie heraus, mit welchem Flugzeugtyp Ihre Gesellschaft die Route typischerweise befliegt und wählen Sie auf dem Display geeignete Sitzplätze. Wenn Sie mit Kleinkindern fliegen, gibt es bei Langstreckenflügen spezielle Sitzplätze. Die in 'Economy' wegen der größeren Beinfreiheit beliebten Plätze an Notausgängen, werden aus Sicherheitsgründen allerdings nicht an Kinder vergeben.
- Viele Kinder bekommen bei Start und Landung Ohrenschmerzen. Mit Ohrstöpseln und Lutschbonbons lässt sich das Problem meist einfach aus der Welt schaffen.
- Bequeme Kleidung und Hausschuhe machen den Aufenthalt an Bord angenehmer.

- Für längere Flüge nach Osten und Westen empfehlen sich Abflugzeiten am Abend um den Jetlag zu reduzieren.

Auf jeden Fall sollten Sie, wenn es Ihnen irgendwie möglich ist, diesen Flug gemeinsam als ganze Familie machen, es wird den Zusammenhalt Ihres 'Teams' stärken. Und wenn Sie als Vater ein ausgesprochener Vielflieger sind, haben Sie Verständnis dafür, dass das Reiseerlebnis für Ihre Angehörigen etwas ganz besonderes ist.

Überblick: Vorbereitungsphase

- ✓ **Vorbereitungsstress:** Die Anzahl und Komplexität der zu klärenden und erledigenden Dinge erscheint überwältigend. Mit Checklisten und Arbeitsaufteilung in der Familie geht's leichter.
- ✓ **Ehrlichkeit erwünscht:** Kinder können ruhig spüren, dass der Umzug ins Ausland mit Abschiedsschmerz und Ungewissheit verbunden ist. Sie sind stärker als Sie denken! Deshalb vermitteln Sie ihnen keinesfalls das Gefühl, man reiste nur mal kurz ins Ausland. Ihr Kind will vor allem ernst genommen und in seiner Unsicherheit und Unkenntnis über die sich verändernde Lebenssituation akzeptiert werden.
- ✓ **Familie und Umfeld einbeziehen:** Gehen Sie die Informationsbeschaffung als eine gemeinsame Familienaktivität an. Je älter die Kinder sind, um so wichtiger ist es, sie in die Planung und Vorbereitung der Ausreise mit einzubeziehen. Auch die Freunde, Großeltern und die Schulklasse können einbezogen werden.
- ✓ **Informationsreise:** Nutzen Sie eine solche Reise als Materialsammlung und fragen Sie ihr Kind vorher genau, welche Informationen für es wichtig sind.
- ✓ **Info-Sammelstelle:** Legen Sie altersentsprechend für ihr Kind eine Art Sammelstelle an, an der Informationen zusammengetragen werden können. Das kann eine Pinnwand, ein Ordner oder auch ein Tagebuch sein.

- ✓ **Abschied:** Denn Trauer über das, was man zurück lässt und Angst vor dem Neuen gehören zu Abschieden nun mal dazu. Akzeptieren Sie es – bei sich und Ihren Kindern!. Die Verarbeitung mit dem Abschied bedeutet auch, manchmal kleine Rückschritte in Kauf zu nehmen. Abgelegte Verhaltensweisen wie etwa Daumenlutschen können wieder auftauchen.
- ✓ **Kontinuität:** Eltern sollten betonen und gewährleisten, dass sich zwar manches ändert, aber auch vieles gleich bleibt. Dazu gehören die Familie selbst, aber auch ihre internen Regeln, Ritualen und Abläufe, sowie natürlich viele Gegenstände, die man von zuhause mitnimmt.
- ✓ **Packen:** Beteiligen Sie die Kinder beim Einpacken, insbesondere der eigenen, persönlichen Gegenstände. Es hilft ihnen, den Abschied zu verarbeiten. Denken Sie daran, dass Gesellschaftsspiele und Bücher in deutscher Sprache u.U. vor Ort nicht leicht erhältlich sein. Daher sollte für zukünftige Geburtstage der Kinder oder andere Anlässe auch hiervon ein Vorrat mitgenommen werden!
- ✓ **Alte Freunde:** Planen Sie ein Wiedersehen mit den Freunden konkret im Kalender ein. Die Planung selbst ist dabei die eigentliche Hilfe gegen den Abschiedsschmerz. Denken Sie daran aktualisierte E-Mailadressen und Telefonnummern etc. zusammen zu tragen.
- ✓ **Abflug:** Wenn irgend möglich, fliegen Sie gemeinsam als Familie – das stärkt den Zusammenhalt und gibt gegenseitige Unterstüt-

zung. Reservieren Sie frühzeitig bei der Fluggesellschaft ihre Sitzplätze für den (meist) längsten Flug im Leben ihrer Kinder. Falls Jetlag droht, fliegen Sie möglichst Abends. Ohrstöpsel und Lutschbonbons helfen gegen empfindliche Ohren, bequeme Kleidung und Hausschuhe machen die Reise angenehmer.

4 Die Wahl der Schule und des Kindergartens

Das IFIM bereitet seit vielen Jahren Eltern auf Ausreisen ins Ausland vor. Wenn man sie im Vorfeld der Ausreise nach Ihren größten Sorgen befragt, wird häufig zuerst der Schulwechsel Kinder genannt. Die Eltern sind besorgt, wie sich die schulische Integration ihrer Kinder gestalten wird. In Zeiten immer höherer Leistungsanforderungen an die Kinder, scheint die Wahl der richtigen Schule von zentraler Bedeutung. Was in der Heimat schon schwierig sein kann, bekommt vor einem Auslandsaufenthalt unter Umständen noch eine andere Dimension, denn die Unterschiede der einzelnen Schultypen sind im Ausland noch viel größer. Andererseits gibt es natürlich auch Standorte, an denen den Eltern mangels Alternativen die Qual der Wahl erspart bleibt.

Deutschsprachige Schulen

Angesichts ihrer Größe bieten Österreich und die Schweiz ihren Landsleuten in der Fremde nur wenige staatlich geförderte Auslandsschulen, das Angebot der Bundesrepublik ist wesentlich umfangreicher: Insgesamt gibt es außerhalb Deutschlands über 130 deutsche Schulen. Daneben existieren über 800 'staatlich geförderte schulische Einrichtungen', sowie deutsche Abteilungen an ausländischen Schulen, die in der Regel aber allen deutschsprachigen Kindern offen stehen. Neben deutschsprachigen einheimischen Lehrern sind dort etwa 2000 Lehrer aus Deutschland tätig. Die deutschen Schulen folgen entweder den Lehrplänen Nordrhein-Westfalens oder Thüringens, auch in Bezug auf die Ferienzeiten und Feiertagsregelungen. Anders als in Deutschland sind diese Schulen allerdings kostenpflichtig. Nicht selten wird jährlich ein fünfstelliger Euro-Betrag fällig, den aber die entsendenden Firmen oder Organisationen in der Regel übernehmen. Dafür ist dann aber auch meist die Ausstattung hervorragend und die Klassengrößen klein. Ganztagsunterricht ist weit verbreitet und es gibt meist auch die Möglichkeit, die Kinder von Schulbussen abholen zu lassen.

Der Besuch einer deutschen oder deutschsprachigen Auslandsschule bedeutet in der Regel natürlich die geringsten Schwierigkeiten bei der schulischen Integration der Kinder. Auch der Wiedereinstieg im Heimatland fällt dann wesentlich leichter. Von daher ist diese Option bei den meisten Eltern auch die erste Wahl. Leistungsanforderungen und Disziplin an diesen Schulen sind in der Regel im Vergleich zu inländischen Schulen höher, aber auch die Förderungsmöglichkeiten für Kinder mit bestimmten Defiziten sind meist gut ausgebaut. Schließlich bezahlt die Elternschaft dafür und erwartet entsprechende Leistungen! Außerdem ist unter den Eltern die Sorge verbreitet, dass die Kinder im Ausland den schulischen Anschluss verpassen könnten, weshalb auch aus der Elternschaft ein hohes Leistungsniveau deutlicher als zu Hause gefordert wird.

Ein weiteres Problem können die Klassenstärken sein. Sicherlich ist es begrüßenswert, wenn die Kinder der verbreiteten deutschen Schulrealität mit Klassenstärken von 30 Schülern entkommen und in kleineren Klassenverbänden unterrichtet werden können. Durch die Fluktuation der Expatriatezahlen kommen allerdings manche deutschen Auslandsschulen an eine kritische Grenze: dann gibt es kaum noch gleichaltrige Mitschüler, Klassen mit mehreren Jahrgängen werden zusammengelegt oder Jahrgänge werden überhaupt nicht (mehr) angeboten. Ob man dies wünschenswert findet, wird man in der konkreten Situation entscheiden, wobei hier natürlich auch die Mentalität des eigenen Kindes eine Rolle spielen dürfte.

Prinzipiell schafft der Besuch einer deutschsprachigen Auslandsschule Kontakte mit anderen deutschsprachigen Kindern, was es zunächst erleichtert, neue Freunde zu finden. Die Nachteile sind spiegelbildlich zu den Vorteilen: Engere Kontakte mit einheimischen Kindern ergeben sich dort seltener und über das Gastland erfährt man dort nur etwas aus der Gastperspektive. Doch auch wenn diese Schulen zweifellos ein Ort sind, an dem deutsche Kultur gelebt und gepflegt wird, sollte man wenig Bedenken in Bezug auf 'Deutschtümelei' haben. Das Flair ist meist eher international, was schon allein durch die Herkunft der Schüler bedingt ist. Insgesamt sind nur etwa ein Viertel von ihnen deutscher Nationalität, allerdings kann dieser Anteil regional sehr stark schwanken.

Internationale Schulen

sind verbreiteter als deutsche Auslandsschulen, es gibt sie in sehr vielen Großstädten. Auch hier handelt es sich um kostenpflichtige Privatschulen, deren Preise sehr stark variieren können. Sie werden in der Regel unter der Trägerschaft eines Landes oder Staatenbundes (z.B. der EU) geführt und unterliegen dessen Lehrplänen, allerdings mit einer sehr internationalen Ausrichtung. Typische Trägerstaaten sind Länder, aus denen besonders viele Expatriates kommen, wie die USA, Großbritannien, Kanada und Frankreich. Eltern deutschsprachiger Kinder wählen diesen Schultyp entweder, weil es am Ort keine deutsche Schule gibt oder diese ihnen aus verschiedensten Gründen ungeeignet erscheint. Häufig wird das mit der internationaleren Ausrichtung der Bildung begründet oder aber die Kinder sind bereits zweisprachig aufgewachsen und sollen in einer bestimmten Sprache besonders gefördert werden.

Das Lernkonzept internationaler Schulen unterscheidet sich meist von dem deutschen. Dies betrifft nicht nur Lehrformen, sondern auch den Umgang zwischen Lehrern und Schülern, sowie der Schüler untereinander. Es geht oft hierarchischer zu als an deutschen Schulen, aber durchaus auch respektvoller. Häufig tragen die Schüler Uniformen. Die Eingewöhnung gelingt den Kindern in der Regel trotzdem recht schnell. Auch Eltern müssen sich umgewöhnen: Der Umgang zwischen Lehrern und Eltern unterscheidet sich ebenfalls vom deutschen. Einerseits werden die Eltern hier durchaus auch als Kunden geschätzt, denen man sich verpflichtet fühlt, andererseits appelliert man sehr stark an deren Engagement bei schulischen Angelegenheiten und erwartet eine hohe Identifikation.

Ein weiteres Problem nicht-deutschsprachiger Privatschulen im Ausland ist deren teilweise elitärer Charakter. Natürlich sind auch die Schüler einer deutschen Auslandsschule keine getreues Spiegelbild der heimischen Gesellschaft, doch ist ihre Mischung zumindest einigermaßen repräsentativ, da die Eltern nur in den aller seltensten Fällen, die Schulgebühren aus eigener Tasche bezahlen. Bei den internationalen Schulen ist der Anteil der Selbstzahler meist deutlich höher. Insbesondere die einheimische Oberschicht schickt ihre Kinder vorzugsweise auf derartige Schulen. Entsprechend stärker ist daher auch der Druck auf die Lerninhalte und das Lerntempo. So sind manche dieser Schulen in den Augen der deutschen Eltern extrem leistungsorientiert oder favorisieren passive Lernmethoden wie Auswendiglernen und Abfragen von Lerninhalten. Doch sollen hier keinesfalls pauschale Aussagen gemacht werden. Die Unterschiede sind, wie bereits betont, enorm. Daher raten wir zu einer genauen Prüfung der lokalen Angebote.

Sowohl bei internationalen wie auch bei deutschsprachigen Auslandsschulen ist die Fluktuation deutlich höher als etwa in Deutschland. Besonders an Industriestandorten mit vielen Auslandsmitarbeitern herrscht an den Schulen vor allem zum Schuljahresende ein Kommen und Gehen. Für neuankommende Schüler ist dies zunächst einmal positiv, denn die Tatsache, dass man als 'Neuer' nicht alleine ist, schafft schon die ersten Gemeinsamkeiten und erleichtert den Einstieg. Auch das Lehrpersonal ist mit der Situation vertraut und hat Erfahrung darin, neuankommende Schüler schnell zu integrieren. Umgekehrt interessieren sich Schüler, die bald die Klasse verlassen, meist überhaupt nicht für die Neuankömmlinge.

Einheimische Schulen

Die Angebote einheimischer Schulen werden in der Regel nur dann wahrgenommen, wenn weder deutschsprachige noch internationale Schulen am Ausreiseort vorhanden sind. Außerdem müssen die Kinder in der Lage sein, der lokal gesprochenen Sprache einigermaßen zu folgen, also einige Vorkenntnisse besitzen. Diese Schulen unterliegen der Trägerschaft und den Lehrplänen des jeweiligen Gastlandes. Insbesondere in englischsprachigen Industriestaaten (USA, Großbritannien, Australien, Kanada) stellen sie eine weitere wichtige Variante der Schulwahl dar. Auch wenn hier die Kosten ebenfalls sehr stark schwanken können, sind sie in der Regel preiswerter, als die zuvor genannten Alternativen, unter Umständen auch kostenlos. Allerdings ist es auch nicht immer möglich ausländische Kinder dort anzumelden. Wenn ein ausreichendes Angebot an internationalen Privatschulen besteht, verweisen die Bildungsbehörden gern darauf. Insbesondere wenn es sich um teuere private Schulen im Gastland handelt, gelten die Aussagen im vorherigen Abschnitt entsprechend.

Unterricht in einer fremden Sprache

In internationalen und einheimischen Schulen müssen die Kinder dem Unterricht in einer fremden Sprache folgen. Häufig ist das Englisch, seltener Französisch oder Spanisch. In der Regel bieten die Schulen zwar spezielle Angebote für Schüler, die der Unterrichtssprache noch nicht mächtig sind. Dennoch sind die ersten Wochen und Monate für die Kinder nicht einfach. Die meisten Kinder erleben es als frustrierend, an einem Unterricht teilnehmen zu müssen, von dem man wenig versteht. Generell zeigen sich in den ersten sechs Monaten nach einer Umschulung nachlassende Leistungen, erfolgt der Unterricht in einer noch weitgehend fremden Sprache ist der Abfall natürlich ausgeprägter. Vor allem sehr leistungsbewussten Kindern und Jugendlichen sollte immer wieder verdeutlicht werden, dass es bereits eine große Leistung ist, dem Unterricht in einer fremden Sprache überhaupt einigermaßen zu folgen und dass die Erfolge in der Einstiegsphase eben nicht in guten Noten bestehen, sondern darin, dem Geschehen immer besser folgen zu können.

Das Sprachproblem löst sich jedoch meist schneller, als die Eltern vermuten. Nach einigen Monaten kommen die Kinder wieder gut im Unterricht zurecht, die Schule macht dann wieder Spaß. Die sprachliche Integration verläuft allerdings nicht immer konfliktfrei: Nicht selten rebellieren Kinder gegen die Überforderung und verfallen in trotzige Mutlosigkeit. Diese Phasen halten allerdings nicht lange an, das Eigeninteresse der Kinder an einer Integration in Schule und Schulkameradenkreis ist hoch und lässt den Schwur 'nie wieder spreche ich ein Wort Englisch' o.ä. meist schnell wieder in Vergessenheit geraten. Eine Mischung aus Verständnis für die Schwierigkeiten bei gleichzeitiger Klarheit, dass die Sprachrebellion kein Weg sein wird, die Heimreise der Familie zu erzwingen, bewährt sich nach Meinung vieler Eltern in dieser Phase am besten.. Die Probleme des fremdsprachlichen Unterrichts werden von Eltern also tendenziell überschätzt, während man meist die Bedeutung der Entwicklung der Muttersprache übersieht: viele Kinder von Auslandstätigen erleben bei der Reintegration Schwierigkeiten mit der eigenen Schriftsprache. Sie sind häufig exzellent in Englisch und anderen Fremdsprachen, aber in Deutsch fällt es ihnen schwer, sich schriftlich auszudrücken. Das System der deutschen Fernschulen (Adressen im Anhang) kann hier, vor allem für Grundschulkinder, Hilfestellungen bieten. Mitunter gibt es auch Angebote von Lehrerinnen in der Community, Expat-Kinder im Fach Deutsch zu unterrichten.

Vor allem aber ist die Phantasie der Eltern gefragt: Spannende Bücher sollten die Kinder in der deutschen Version lesen. Auch eine deutsche Sport-, Pferde-, Jugendzeitschrift etc. kann abonniert werden. Lesen ist gut, Schreiben ist besser! Es sollte nach Anlässen gesucht werden, die Kinder zum Verfassen deutschsprachiger Texte zu animieren. Deutschsprachige Internetforen (wie etwa 'Schueler-VZ') sind sicher keine Orte, an denen Ihr Kind zu literarischen Hochleistungen aufläuft, aber wenn es dort regelmäßig und eigenmotiviert auf deutsch schreibt ... . Und dort bleibt es auch auf dem Laufenden, wie deutsche Kinder und Jugendliche reden und schreiben. Auch das ist wichtig: Für die soziale Wiedereingliederung nach der Rückkehr benötigen Kids mehr als das 'altbackene' Erwachsenen-Deutsch, das ihre Eltern mit ihnen sprechen.

Die Angebote gründlich prüfen

Schon in Deutschland ist aufgrund der Kultushoheit der Länder ein Schulwechsel von beispielsweise Bayern nach Nordrhein-Westfalen nicht ganz einfach. Aber auch in einem Land wie den USA ist 'Bildung' Sache der Bundesstaaten. Wer also eine Information wie 'amerikanische Schulabschlüsse werden in Deutschland anerkannt,' ungeprüft übernimmt, erlebt spätestens bei der Rückkehr ein böses Erwachen. Wir wurden immer wieder von Expatriates und Rückkehrern darauf hingewiesen, dass es äußerst wichtig ist, die genauen Anforderungen des zuständigen Schulamtes mit denen der im Ausland zuständigen lokalen Behörden abzugleichen. Auch vor Ort sollte man sich bei der Schulwahl beraten lassen, und nicht nur Kriterien wie Fächerkanon und Lage der Schule zur Entscheidung heranzuziehen.

Bei der Einschulung in eine nicht-deutsche Schule ist auf jeden Fall sorgfältig zu bedenken, ob und wenn ja, in *welchem Alter* die Kinder wieder ins deutsche Schulsystem zurückwechseln sollen. Bis Ende der Grundschulzeit ist dies meist ohne große Probleme möglich, vorausgesetzt, die Kinder können hinreichend Deutsch lesen und schreiben. Im Sekundarbereich wird ein Wechsel von einer ausländischen Schule zurück auf ein deutsches Gymnasium mit wachsendem Alter immer schwieriger. Die Probleme liegen nicht nur darin, dass viel Stoff nachgelernt werden muss: Auch die Lehr- und Lernformen unterscheiden sich erheblich.

Von manchen Erwartungen wird man dabei Abschied nehmen müssen: Sie und Ihr Kind haben sich gerade dafür entschieden, als zweite Fremdsprache im Gymnasium Latein zu wählen? Die Chance, diese Sprachwahl selbst auf einer deutschen Schule im Ausland fortführen zu können, ist gering, auf lokalen Schulen fast Null.

Haben die Kinder bei der Ausreise bereits ein Alter, das erwarten lässt, dass sie ihre Schulzeit auf der ausländischen Schule abschließen werden, ist zu klären, ob und unter welchen Voraussetzungen der ausländische Abschluss als deutsche Studienberechtigung anerkannt wird. Beispielsweise berechtigt ein amerikanischer Highschool-Abschluss keineswegs 'automatisch' zum Studium in Deutschland, sondern nur, wenn bestimmte Zusatzkurse belegt wurden.

Viele Auslandsmitarbeiter wissen allerdings bei Vertragsantritt noch nicht genau, wie lange sie tatsächlich im Ausland bleiben werden und ob dann wirklich eine Rückkehr ins deutschsprachige Heimatland ansteht oder ein anderer Auslandsaufenthalt. Doch diese Unsicherheit sollte nicht dazu führen, die Frage der schulischen Rückgliederung als 'noch nicht klärbar' zu verschieben. Es hat sich eher bewährt, vorab unterschiedliche Optionen durchzuspielen: Was bedeutet es, wenn wir nur drei Jahre bleiben, was bedeutet es, wenn doch sechs Jahre daraus werden? Es ist ja grundsätzlich auch möglich, die Kinder auch nach der Rückkehr auf eine amerikanische oder internationale Schule zu senden, allerdings nicht an jedem Wohnort und auch nicht kostenfrei.

Viele Eltern betonen, dass mit diesen Schulfragen auch wesentliche Weichenstellungen für das künftige Leben des Kindes getroffen werden. Auch im Inland nehmen Eltern solche Weichenstellungen vor, auch im Inland können sie nur nach bestem Wissen und Gewissen und ohne Erfolgsgarantie getroffen werden. Daher möchten wir zum Abschluss dieses Kapitels noch einmal betonen, dass die meisten Auslandsschulen einen guten Ruf haben und gute, ja zum Teil hervorragende Lernbedingungen bieten: die Kinder lernen in kleinen Klassen, mit guter Ausstattung und einem interessanten, international ausgerichteten Fächerkanon. Das wird von den allermeisten Kindern und ihren Eltern als eine Bereicherung erlebt.

Kindergärten

Weniger folgenschwer, aber auch nicht immer einfach, ist die Auswahl eines geeigneten Kindergartens. Neben der Förderung und den Sozialkontakten für die Kinder ist hier sicherlich auch die Entlastung der Eltern (meist der Mutter) ein wichtiger Motivationsgrund. Von daher stehen praktische Überlegungen bei der Auswahl im Vordergrund: die Entfernung zum Wohnort, die Anzahl der Betreuungsstunden, Abhol- und Bringdienste, Essensangebote... Es ist leicht nachvollziehbar, dass auch bei den Kindergärten enorme Unterschiede hinsichtlich dieser Kriterien, aber auch in Bezug auf die pädagogischen Angebote existieren. Gemeinsam ist den ausländischen Kindergärten, dass sie fast durchweg privat sind und von den Eltern bezahlt werden müssen. Preise und Serviceleistungen stehen in der Regel in einer Korrelation zu den in der Gegend üblichen Mieten. Wo viele Expatriates und die einheimische Oberschicht wohnen, sind die Mieten meist hoch und Kindergärten teuer und gut ausgestattet. Ein Mangel an verfügbaren Plätzen ist, anders als etwa in Deutschland, eher die Ausnahme als die Regel. Selbst Betreuungsmöglichkeiten für unter Dreijährige in Kindergärten oder Krippen sind in vielen Ländern wesentlich leichter zu finden.

In Bezug auf die Träger und ihre pädagogischen Konzepte gibt es, ähnlich wie bei den Schulen, drei Kategorien: deutsch, international und einheimisch. Letztere wird von den meisten ausländischen Eltern meist dann gewählt, wenn keine internationalen in der Nähe sind oder der Arbeitgeber die Kosten nicht übernimmt. Die deutschen Kindergärten, sind häufig an die Schulen angeschlossen. Auch die internationalen Schulen, haben meist ein entsprechendes Vorschulangebot. Von daher gelten die im oberen Teil des Kapitels gemachten Ausführungen entsprechend. Da die Kinder noch jung sind und noch kein abzuprüfendes Wissen vermittelt wird, ist aber auch ein Wechsel weniger problematisch. Von daher kann man die Suche nach einem geeigneten Kindergarten deutlich gelassener angehen als die Schulsuche. Falls sich nach einiger Zeit herausstellt, dass ein Wechsel nötig ist, geht das natürlich auch leichter vonstatten. Viele Kindergärten ermöglichen auch eine Probezeit, ehe man sich für einen längerfristigen Betreuungsvertrag entscheidet – ein Angebot, das man auf jeden Fall nutzen sollte. Sicherlich ist es beruhigend zu erfahren, dass die von uns befragten im Ausland lebenden Eltern bei der Integration in örtliche Kindergärten fast nie von größeren Problemen berichteten.

Überblick Schul- und Kindergartenwahl

- ✓ **Auslandsschulen:** Schulen im Ausland, die für deutschsprachige Kinder in Frage kommen sind meist Privatschulen. Die nicht unerheblichen Kosten werden von den entsendenden Firmen getragen. Die Ausstattung ist meist sehr gut und die Klassengrößen klein, Ganztagsunterricht ist weit verbreitet. Die Fluktuation ist meist groß, aber Lehrer, Schule und Schüler sind damit vertraut.
- ✓ **deutschsprachige Auslandsschulen:** Vorteile sind die leichtere Eingewöhnung, weniger Sprachprobleme, die Nähe zu deutschen Lehrplänen, sowie weniger Reintegrationsschwierigkeiten bei der Rückkehr. Die Nachteile: manchmal gibt es nur sehr kleine Klassen und natürlich ist der Kontakt zum Gastland weniger intensiv, weil wenig einheimische Kinder dorthin gehen.
- ✓ **Internationale Auslandsschulen:** Die größere Internationalität bedeutet intensivere Fremdsprachenförderung und multikulturelle Freundschaften. Die Eingewöhnung fällt wegen der Sprache oft schwerer, gelingt aber dennoch meist problemlos. Uniformen sind hier verbreitet. Auch der Lernstil kann autoritärer und verschulter sein, da diese Schulen gern von der einheimischen Oberschicht gewählt werden.
- ✓ **Einheimische Schulen:** Die Angebote einheimischer Schulen werden dann wahrgenommen, wenn weder deutschsprachige noch

internationale Schulen vorhanden sind. Sie sind nicht unbedingt Privatschulen, dafür variieren aber auch Ausstattung und Klassengrößen enorm. Da der Unterricht in der Landssprache erfolgt, kann die Eingewöhnung schwierig sein.

- ✓ **Sprachen**: Eingewöhnungsprobleme beim fremdsprachlichen Unterricht werden eher überschätzt, umgelehrt aber die Bedeutung der Entwicklung der deutschen Sprache und Schrift oft übersehen. Unterstützende Angebote durch Schule oder Eltern sind wichtig für die Reintegration. Außerdem sollten die Kinder angehalten werden, auch außerhalb des Familienkreises wenn möglich deutsch zu sprechen und zu schreiben.
- ✓ **Anerkennung:** Schulabschlüsse oder Kursleistungen in nichtdeutschsprachigen Schulen werden u.U. nur begrenzt anerkannt. Man sollte sich unbedingt vorher bei den zuständigen deutschen Behörden informieren.
- ✓ **Kindergärten:** bei der Auswahl stehen praktische Überlegungen im Vordergrund: die Entfernung zum Wohnort, der Betreuungsumfang und zusätzliche pädagogische Angebote oder Ausstattungsmerkmale. Die Kindergärten im Ausland müssen von den Eltern bezahlt werden, die Preise schwanken stark, auch innerhalb eines Ortes. Sie korrelieren mit den Mieten und den Angeboten. Die Eingewöhnung fällt den kleinen Kindern meist leicht, selbst wenn nicht deutsch gesprochen wird.

5 Der neue Alltag

Es mag für Eltern, die sich auf einen Auslandsaufenthalt vorbereiten, beruhigend sein zu erfahren, dass im allgemeinen der Wechsel in die neue Umgebung zurückblickend als einfach wahrgenommen wird. Dafür sprechen zahlreiche Befragungsergebnisse. Ausgereiste Eltern empfehlen für die ersten Wochen und Monate vor allem, immer wieder Gespräche mit den Kindern zu führen und sich damit auch vor allem in der Anfangszeit viel Zeit für die Kinder zu nehmen. Zeit, um bei den ersten Eindrücken zu helfen, Regeln und Verhaltensweisen im Gastland zu erklären, aber auch, um beispielsweise im Rahmen von gemeinsamen Aktivitäten positive Erlebnisse mit dem Gastland zu schaffen.

Vor allem sollte in dieser Zeit nicht zu viel Leistungsdruck auf die Kinder ausgeübt werden. Wie eine Pflanze, die Wurzeln schlägt brauchen die Kinder Zeit, sich an die neue Umgebung zu gewöhnen. Man sollte sie daher auch nicht zu sehr drängen, sich außerschulisch zu engagieren. Interesse und Bereitschaft dazu kommt meist von selbst, wenn andere Integrationsschritte geschafft sind.

Eltern sind für ihre Kinder Vorbild, das gilt auch für die Einstellung zum Auslandsaufenthalt und die Bewältigung der Schwierigkeiten, die mitunter damit verbunden sind. Kinder nehmen das Ausmaß, in dem sich die Eltern mit dem 'Unternehmen Auslandsentsendung' identifizieren wahr, auch dann, wenn darüber nicht explizit gesprochen wird.

Viele Mitausreisende, vor allem solche, die daheim berufstätig waren, begrüßen es, im Ausland mehr Zeit für ihre Kinder zu haben. Diese Erwartung erfüllt sich in der Regel auch. Problematisch wird es jedoch, wenn die Mütter den Umzug negativ bewerten und folglich dem Gastland mit Angst und Ablehnung gegenüberstehen. Meist unternehmen sie dann dort wenig, um sich selbst einen normalen und befriedigenden Alltag zu verschaffen und versuchen statt dessen, durch intensivierte Beschäftigung mit den Kindern die eigene Leere zu füllen. Das kann eine eigenständige Integration der Kinder in ihr eigenes soziales Umfeld erheblich erschweren. Denn, wie bereits erwähnt, hängt in der Fremde die Zufriedenheit der Kinder in hohem Maße von der emotionalen Situation der Eltern ab. Leben die Eltern gern in der neuen Heimat, dann empfinden die Kinder das meist ähnlich!

Es liegt auf der Hand, das mögliche Eingewöhnungsprobleme ausreisender Kinder und Jugendlicher alterabhängig sind. Deshalb werden unsere Empfehlungen zur Erleichterung des Einlebens im Gastland nachfolgend in alterspezifischen Abschnitten behandelt: Babys und Kleinkinder, Schulkinder bis etwa 12 Jahre, sowie ältere Kinder und Jugendliche.

Kleinkinder

Kleinkinder im Alter bis zu drei Jahren erleben nur selten Probleme bei einer Ausreise. Auch bei der Eingewöhnung und dem Leben vor Ort zeigen sie im allgemeinen ein hohes Maß an Anpassungsfähigkeit. Unter Dreijährige haben noch keine entwickelten Zeitvorstellungen, den Unterschied zwischen Urlaub und Ausreise können sie noch nicht bewusst wahrnehmen. Sie fühlen sich wohl, solange die Eltern Stabilität und Zuversicht vermitteln. Da die Kommunikationsfähigkeiten sich gerade erst entwickeln, werden auch die fremde Sprachen noch nicht als Hindernis wahrgenommen.

Ab etwa drei Jahren fangen Kinder an, soziale Beziehungen aufzubauen. Die Kinder reden mehr miteinander und erste Freundschaften entwickeln sich. Diese sind allerdings noch recht instabil. Daher ist auch in der Altersgruppe zwischen drei und sechs Jahren der Umzug ins Ausland für Kinder relativ unproblematisch. Man ist noch nicht besonders treu. Die daheim gebliebenen Spielkameraden sind schnell vergessen, wenn im Ausland neue Freunde gefunden werden. Der Abschiedsschmerz wird zwar erlebt, klingt aber in der Regel nach wenigen Tagen deutlich ab, insbesondere wenn sich neue Spielmöglichkeiten ergeben und neue Freunde gefunden werden.

Dennoch ist ein Umzug ins Ausland nicht völlig unproblematisch für Kinder in dieser Altersstufe. Auch sie können auf den kulturellen und klimatischen Wechsel reagieren. Da können schon mal am Abend, wenn ein Kind müde ist, ein paar 'Heimwehtränen' fließen oder die beste Freundin herbeigesehnt werden. Das sind kleine Krisen, die geübten Eltern wohl vertraut sind und die auch im Ausland gemeistert werden. Auch körperliche Symptome sind denkbar: die Kinder fangen sich eine Erkältung oder eine Darminfektion, fühlen sich Unwohl oder eine Kinderkrankheit bricht aus. Auch bereits abgelegte Verhaltensweisen, wie Bettnässen, Daumenlutschen o.ä. werden vielleicht wieder aufgenommen. Denn ähnlich wie bei Erwachsenen erfordert der Umzug auch für den Körper eine gewisse Anpassung, die mit einer vorübergehenden Schwächung des Immunsystems einhergehen kann. Solche Schwankungen sind ja auch in der Heimat üblich, wenn etwa eine Kindergartenfahrt oder ein Urlaub bei Verwandten anstehen. Auch hier raten wir zu Gelassenheit und Zuwendung – meist klingen derartige Symptome ähnlich schnell ab, wie in der Heimat.

Wichtig ist es in der Eingewöhnungsphase den Kindern Stabilität zu vermitteln. Die guten Ratschläge der Erziehungsbücher helfen auch im Ausland: feste Zeiten zum Aufstehen, Essen, Schlafen, sowie eventuell eine Fernseh- oder Videophase. Außerdem eingespielte Rituale und klare Regeln, so oder so ähnlich, wie sie auch in der Heimat galten. Von daher liegt es auf der Hand, dass das Finden eines geeigneten Kindergartens zunächst einmal wichtiger ist, als das Einrichten des Kinderzimmers oder die Beschaffung von neuem Spielzeug. Denn der Kindergarten oder die Krabbelgruppe vermitteln genau die Stabilität und die sozialen Kontakte, die den Kindern helfen sich in der fremden Umgebung einzugewöhnen.

Meist geht das rasend schnell. Viele Eltern berichteten uns, dass die Integration der Kinder im Ausland ihre größte Sorge in der Vorbereitungszeit war. Einmal im Ausland merkte man dann, das die kleineren Kinder in der Familie die geringsten Anpassungsprobleme hatten. Damit das so eintritt, will man natürlich optimale Bedingungen schaffen. Von daher geht es neben dem Finden eines Kita-Platzes vor allem darum, dem Kind auch in der neuen Umgebung Sicherheit zu vermitteln. Neben den angesprochenen Ritualen und Regeln wird sicherlich auch eine Umgebung dazu beitragen, in der das Kind sich wohl fühlt. Der Swimmingpool und der Kinderspielplatz in der Wohnanlage sind dabei sicherlich willkommene Zugaben, entscheidend sind sie nicht.

Wichtiger ist, dass das Kind sich im neuen Haus oder der neuen Wohnung selbst wohlfühlt. Das machen Kinder vor allem an Objekten fest, die ihnen gehören. Dabei sind die Spielzeuge im Kleinkindalter weit wichtiger als die Möbel. Viele ausreisende Eltern verpacken das komplette Mobiliar des Kinderzimmers in Container und bauen es im Ausreiseland möglichst ähnlich wieder auf, um ihren Kindern den Kulturwechsel zu erleichtern. Das ist nett gemeint, aber kaum nötig. Wer sich diese Mühe nicht machen kann oder will, sollte ruhig darauf verzichten. Das Kind fühlt sich meist mit neuen Möbeln ähnlich wohl, wie mit den alten, wenn die andern Aspekte stimmen. Außerdem gibt es an immer mehr Orten IKEA oder ähnliche Möbelhäuser, in denen sich den heimischen Möbeln ähnelnde preiswert beschaffen lassen.

Die Lieblingsspielzeuge allerdings sollten möglichst zur Stelle sein, wenn die Kinder in der neuen Heimat ankommen. Wie viel davon im Reisegepäck verstaut wurde und was in der Fracht landete, hängt meist von logistischen Notwendigkeiten ab. Ähnlich wie bei Urlaubsreisen mit Kindern ist es auch nicht entscheidend, dass dem Kind von Beginn an sein gesamtes Spielzeug zur Verfügung steht, sondern dass einige vertraute und geliebte Gegenstände da sind. Bei der Auswahl sind Phantasie und Strategie gefragt, denn meist ist die Playmobilsammlung beliebter als das Kartenspiel, nimmt aber auch deutlich mehr Platz weg. Dabei kann dass Kartenspiel, im Familienkreis gespielt, dem Kind durchaus ähnlich viel Freude bereiten. Man sollte sich immer wieder bewusst machen, dass es auch in der neuen Heimat Kinder und damit Spielsachen gibt, die man kaufen kann. Es sollte also nicht am fehlenden oder falschen Spielzeug liegen, wenn sich Kinder mit der Eingewöhnung in der neuen Heimat schwer tun.

Wie gesagt, meist tun sie das auch nicht. Allerdings kann es bei der Ausreise mit kleineren Kindern ein anderes Problem geben: die Rückkehr in das Heimatland der Eltern bedeutet für sie, anders als für ältere Kinder eine Anpassung an ein Lebensumfeld, das sie so noch nie kennen gelernt haben. Wer mit zwei oder drei Jahren ausreist und mit sechs oder sieben Jahren zurückkehrt, kennt sein Geburtsland nur von gelegentlichen Besuchen, seine Heimat ist das Land, in das er mit seinen Eltern ausgereist ist. Den Umgang mit anderen Kindern oder Erwachsenen hat das Kind dort gelernt, er ist ihm dort selbstverständlicher. An das Heimatland der Eltern muss das Kind sich bei der Rückkehr erst gewöhnen, vieles was den Eltern vertraut erscheint, ist diesen Kindern neu und fremd. In dem Kapitel über Reintegration werden wir noch näher darauf eingehen.

Schulkinder (bis etwa 12 Jahre)

Bei der Eingewöhnung älterer Kinder und Jugendlicher geht es zumeist um die Verarbeitung erster Eindrücke und die Erfahrung von Instabilität durch den Umzug ins Ausland. Sie werden in den ersten Wochen und Monaten mit einer Vielzahl an neuen Eindrücken, Verhaltensanforderungen und Gegebenheiten konfrontiert. Neues, Fremdes, nicht immer Verständliches, stürzt auf sie ein. Dazu gehören nicht nur Dinge wie die Sprache, das andere Essen, das Klima, sondern vor allem auch die Notwendigkeit, sich im eigenen Verhalten zu verändern: Das Wasser aus der Leitung ist unter Umständen plötzlich kein Trinkwasser mehr; man kann nicht mit dem Fahrrad mal eben zu Freunden fahren; es gibt keinen Fußballverein in der Nähe... Immer wieder wird von ausgereisten Eltern betont, wie wichtig es sei, Kindern bei der Verarbeitung dieser ersten Eindrücke zu helfen, sie ihnen zu erklären, über die Andersartigkeit des Lebens zu sprechen.

Vor allem in Entwicklungs- und Schwellenländern können Kindern im Straßenbild unversehens auf sie schockierende, abstoßende oder ekelerregende Eindrücke stoßen: verkrüppelte Bettler, wenig liebevoller Umgang mit Tieren, Schmutz, Lärm und Gestank. Eine Vorbereitung hierauf ist kaum möglich, um so wichtiger ist es, entsprechende Reaktionen der Kinder genau zu beobachten und ihnen bei der Verarbeitung zu helfen. Dabei sollte man versuchen zu verhindern, dass einzelne schockierende Eindrücke generalisiert werden. 'Wo man lebende Hühner mit dem Kopf nach unten auf einem Moped transportiert, will ich nicht leben. Das zeigt wie gemein die Leute hier sind,' zitierte eine befragte Mutter in einem asiatischen Land ihren Sohn.

Zugegeben: Es ist nicht ganz einfach, bei einem tierliebenden Großstadtkind Verständnis für den einheimischen Bauern, Koch oder Restaurantkunden zu erzeugen. Vielleicht kann man sich manchmal nur auf die Allerweltsbegründung berufen, dass es überall schlechte oder merkwürdige Leute gibt. Wichtig ist jedenfalls, das Gespräch mit den Kindern zu suchen und sie bei der Verarbeitung problematischer Eindrücke zu unterstützen. Da Eltern aber nicht zwangsläufig dabei sind, wenn sie entstehen und auch nicht alle Kinder von selbst über ihre Erlebnisse sprechen – vor allem dann nicht, wenn sie ihre Eltern als sehr beschäftigt erleben – sollte man sich immer wieder die Zeit nehmen, mit den Kindern darüber zu sprechen, wie sie das Gastland erleben.

Die Umstellung auf in vielerlei Hinsicht andere Lebensumstände wie etwa andere Schul-, Wohn- oder auch Verkehrsverhältnisse wirkt auch für Kinder belastend. Sie reagieren darauf wie jeder Mensch auf Stress reagiert - nämlich mit Aggression und Ablehnung oder aber mit Rückzug. Letzteres mag sich beispielsweise in einer erhöhten Anhänglichkeit an die Eltern zeigen, in Weinerlichkeit oder fehlender Bereitschaft zur Aktivität, gepaart mit Ablehnung und Desinteresse gegenüber dem Gastland. Insgesamt überwinden Kinder die kulturelle Umstellung aber sehr viel schneller und leichter als Erwachsene.

Da die Kinder im Ausland schon einmal in schwierige Situationen geraten können, die ihre Kommunikationsmöglichkeiten in einer fremden

Sprache überfordern, empfiehlt es sich, sie schon früher als in der Heimat mit Handys auszustatten. Ab etwa 8 Jahren können Kinder mit einfacheren Geräten umgehen. In der fremden Umwelt ist es besonders beruhigend, zu wissen, dass die Kinder jederzeit Kontakt mit den Eltern aufnehmen können. Natürlich sollte man auch hier Regeln vereinbaren, wann und wie die Geräte genutzt werden dürfen. Suchen Sie außer ihren eigenen Telefonnummern aber auch weitere Ansprechpartner, die möglichst deutschsprachig sein sollten und programmieren Sie deren Telefonnummern ins Handy. Denn in Notsituationen, wenn die Kinder im Ausland auf sich allein gestellt sind, sollte schnell jemand verfügbar sein. Wenn die Eltern ohne Handykontakt in einem Wartezimmer, einer Fortbildungsveranstaltung oder einfach im Funkloch sind, brauchen die Kinder kurzfristig Unterstützung.

So merkwürdig es klingen mag: auch eine Visitenkarte ist für Kinder empfehlenswert, insbesondere wenn sie in fremden Städten ohne erwachsene Aufsichtspersonen unterwegs sind. Während man in unserem Kulturkreis ein zwiespältiges Verhältnis zu diesen bedruckten Pappkärtchen hat, sind sie in vielen Kulturen sehr verbreitet. Nicht nur im Geschäftsleben, sondern auch privat. Von daher sollte man sich, sobald man eine dauerhafte Bleibe gefunden hat, in einer Druckerei oder einem Kopierladen eine Art Familienkarte anfertigen lassen. Neben der Adresse und den nötigen Kontaktdaten der Familie in Englisch und eventuell der Landessprache, kann es sich auch empfehlen, eine einfache Anfahrtsskizze auf die Rückseite zu drucken, denn nicht jeder Taxifahrer kann lesen.

Mithilfe dieser Kärtchen lässt sich manch schwierige Kommunikationssituation enorm erleichtern, außerdem kann man mit neuen Bekannten in Kontakt bleiben.

Jugendliche (ab etwa 12 Jahre)

Teenager erleben vor allem in der Anfangszeit des Auslandsaufenthaltes wieder ein ungewolltes Gefühl erhöhter Abhängigkeit von den Eltern. In ihrem Drang nach Selbständigkeit werden sie mitunter stark eingeschränkt; sei es beispielsweise, dass sie wegen der Verkehrsverhältnisse Freunde nicht ohne weiteres besuchen können oder aber, weil es etwa im Gastland nicht üblich oder unmöglich ist, Ferienjobs auszuüben, bei denen sie eigenes Geld verdienen können. In vielen Ländern erleben sich Jugendliche auch unter viel intensiverer Beobachtung durch Erwachsene: Dies gilt nicht nur für Entwicklungs- und Schwellenländer, in denen Hausangestellte allgegenwärtig sind, sondern beispielsweise auch für die USA, in denen Freizeitaktivitäten in stärkerem Maße rund um die Schulen stattfinden und damit unter Beobachtung durch Lehrer oder Eltern.

Nicht zuletzt gibt es Gastländer, in denen Eltern wegen der dortigen Gegebenheiten (Drogen, Kriminalität, Prostitution) die Jugendlichen in höherem Maße beobachten und begleiten müssen. Dies bedeutet vor allem in der Anfangszeit für die Eltern eine schwierige Gratwanderung: Natürlich sollen die Kinder nicht aus Unwissenheit vermeidbaren Risiken ausgesetzt werden. Andererseits trägt es keineswegs zur Integration der Kinder bei, wenn deren beabsichtigte Aktivitäten – vor allem solche, die im

Heimatland selbstverständlich waren – mit dem Hinweis, dies sei hier viel zu gefährlich, pauschal unterbunden werden.

Die Eltern sollten sich daher sehr schnell mit möglichst vielen anderen Eltern austauschen, welche Vorsichtsmaßnahmen und Verhaltensregeln für Kinder und Jugendliche im Expat-Umfeld allgemein üblich sind, um nicht aus eigener Unsicherheit die Integration ihrer Kinder ins Gastland und sich anbietende Freundeskreise zusätzlich zu erschweren. Allerdings sollte man auch genau prüfen, ob hier wirklich notwendige und sinnvolle Vorsichtsmaßnahmen beschrieben werden. Manche Zeitgenossen projizieren die eigenen, irrationalen Ängste oder ein übersteigertes Misstrauen gegenüber dem Gastland auf die Freiräume ihrer Kinder. Hier bleibt also vor allem Ihr eigenes Urteil gefragt!

Das ist nicht immer einfach, denn die Gefühlslage der Eltern ist ja nach der Ankunft typischerweise selbst von Unsicherheit geprägt. Dazu kommen zuweilen Schuldgefühle wegen der Ausreise, die im Umgang mit den Kinder meist zu besonderer Nachsicht führen. Man lässt ihnen vieles durchgehen und erlaubt mehr, als man zu Hause tun würde. Mit dem Umzug haben die Kinder jedoch Instabilität und Umbruch erfahren. Wichtig ist, ihnen nun Kontinuität zu vermitteln und das Gefühl, dass vieles auch weitergeht wie vorher, dass bestimmte Regeln oder Gewohnheiten auch weiterhin gelten, dass es feste Strukturen und damit auch Grenzen gibt. Diese gilt es auch in dieser, sicher nicht immer einfachen Zeit, deutlich zu ziehen und durchzusetzen.

Eine Aufgabe; die die Eltern sehr ernst nehmen sollten, denn die Umgebung wirkt dem eher entgegen. Zwar sind die Schulen und ihr Erziehungsstil nicht selten strenger als im deutschsprachigen Raum, doch gleichzeitig vermitteln sie den Jugendlichen ein Elitegefühl. Anders als kleinere Kinder, sind ältere sehr sensibel für Statusunterschiede. Ab acht Jahren werden etwa Markenunterschiede in Kleidung und Accessoires bewusst wahrgenommen. Dann fangen Kinder auch an, auf Ausstattungen von Häusern, den Preis und die Ausstattungsmerkmale von Autos, Handys usw. zu achten. So manches deutsche Mittelschichtkind erkennt dann, dass es im Gastland plötzlich zur Oberschicht gehört. Nicht selten bedeutet das, sich nicht nur materiell viel leisten zu können, sondern auch einen Druck zur Verhaltensanpassung. Denn in vielen Ländern genießen die Kinder reicher Leute eine ähnliche Sonderbehandlung wie ihre Eltern. Leben dann auch noch Hausangestellte im Haushalt, die die Kinder als 'kleine Herrschaften' betrachten und ihnen entsprechend alle geäußerten Wünsche erfüllen, können die Maßstäbe recht leicht abhanden kommen: 'anything goes', alles ist erlaubt und möglich, lautet dann die selbst gesetzte Devise. Dem entgegen zu wirken ist eindeutig eine Erziehungsaufgabe der Eltern, schon allein im Hinblick auf die spätere Reintegration im Heimatland.

Außerdem empfiehlt es sich auch einen Blick auf die lokalen Rechtsvorschriften werfen, sofern sie Kinder und vor allem Jugendliche betreffen: In Entwicklungs- und Schwellenländern ist der gesetzliche Kinderschutz meist weniger ausgebaut als in Mitteleuropa. In anderen Ländern aber, wie etwa in den USA, gibt es in diesem Bereich weitergehende

Vorschriften. So ist es dort beispielsweise in manchen Staaten generell verboten, Kinder unter dem zwölften Lebensjahr in einem geparkten Auto warten zu lassen. Anderswo gibt es abendliche 'Ausgangssperren' für Jugendliche oder es ist etwa selbst einem Achtzehnjährigen nicht erlaubt, auf einer privaten Party ein Bier zu trinken. Verständlicherweise können wir hier nicht detailliert auf derartige Bestimmungen eingehen, sondern nur daran erinnern, sich über die lokalen Kinder- und Jugendschutzbestimmungen zu informieren und zu einer Einschätzung zu kommen, wie ernst sie im Alltag genommen werden.

In einem in Bezug auf 'Sexualmoral' konservativerem Umfeld - und das ist in den meisten Ausreiseländern gegeben - sollte man sich auch fragen, ob die deutschen Gewohnheiten nicht erhebliche Schwierigkeiten auslösen können: Sich vor seinen Kindern nackt zu zeigen, etwa bei einem gemeinsamen Bad in der Badewanne, ist in vielen Kulturen absolut tabu und löst, wenn es von den eigenen Kindern 'unbefangen' erzählt wird, nicht nur Empörung, sondern auch Verfolgung durch die Behörden aus.

In der neuen Umgebung müssen viele 'Überlebenstechniken', die die Kinder daheim im Laufe der Zeit schon erworben hatten, nun gezielt und möglichst rasch trainiert werden: Wie findet man nach Hause? Wie bittet man um Hilfe? Wie sehen Polizisten aus? Wie benutzt man lokale Hilfsdienste, öffentliche Verkehrsmittel usw.? Es gibt viele Dinge, die Kinder und Jugendliche wissen müssen, um eigentlich ungefährliche Bewegungsspielräume auch tatsächlich problemlos nutzen zu können. Von daher geht es am Anfang darum, derartige Situationen und geeignete Notfallmaßnahmen zu besprechen. Ältere Kinder und Jugendliche lernen ein situationsadäquates Verhalten meist schnell. Dieser Lernprozess ist ein wichtiger Beitrag für ihre eigene Integration im Gastland, denn mit der eigenen Selbstsicherheit und Unabhängigkeit wächst in der Regel auch die Begeisterung für das Gastland.

Behörden und Ärzte

Wie Erwachsene brauchen auch im Ausland Kinder Visa, Aufenthaltsgenehmigungen und andere Bescheinigungen. Was im jeweiligen Land benötigt wird, ist so spezifisch, dass wir hier nur auf entsprechende Publikationen und weiterführende Webseiten verweisen können. Insbesondere der Ausreiseservice der IFIM-Webseite (s. Anhang) ist hier eine gute Anlaufstelle zur Informationsgewinnung.

Sinnvoll ist es auf jeden Fall zur Botschaft des Heimatlandes Kontakt aufzunehmen. Sie ist keine Meldebehörde, insofern gibt es auch keine Verpflichtung sich dort zu melden. Dennoch ist eine Registrierung aller Familienmitglieder sinnvoll, denn die Botschaften sind in der Regel am besten und aktuellsten über die Gefahrenlage im Gastland informiert. Neben sicherheitsrelevanten Themen, die bis zur Evakuationshilfe reichen können, beschäftigt man sich dort auch mit gesundheitlichen Fragen. Sollte es zu Epidemien oder Seuchen kommen, schickt die Botschaft dann entsprechende Warnungen an die im Land lebenden Landsleute, was besonders hilfreich sein kann, wenn man dort mit Kindern lebt.

Im Normalfall reicht natürlich der Haus- oder Kinderarzt. Doch auch der ist im Gastland selten deutschsprachig. Von daher gilt es sich schon in der Eingewöhnungsphase mit den Besonderheiten des lokalen Gesundheitssystems vertraut zu machen. In vielen Ländern ist dies mehrstufig, d.h. die Qualität und der Umfang der medizinischen Versorgung hängt stärker vom Geldbeutel des Patienten ab, als das in der Heimat der Fall ist. Da die meisten Ausreisenden privat versichert sind, ist dies nur ein Grund zur Sorge, wenn man in entlegene Gebiete reist, in der keine privatärztliche Versorgung vorhanden ist. In den Städten in denen Expatriate-Familien mit Kindern normalerweise leben, kann man meist auf eine zufriedenstellende Infrastruktur des Gesundheitswesens zurückgreifen. Auch hier gibt es sicherlich erhebliche lokale Unterschiede, mit denen man sich im Rahmen seiner Ausreisevorbereitung beschäftigen muss. Als generelle Empfehlung raten wir Eltern mit jüngeren Kindern, mit dem ersten Arztbesuch nicht zu warten, bis das Kind schwer erkrankt ist. Der damit verbundene Stress würde durch die fremde Situation nur unnötig vergrößert. Von daher ist es sinnvoller, mit den Kindern bereits einen lokalen Arzt oder ein Gesundheitszentrum aufzusuchen, wenn die Kinder nicht schwer krank sind. Anlass kann eine anstehende Impfung, aber auch ein Schnupfen, ein schmerzender Knöchel oder ein ähnliches 'Wehwehchen' sein, wegen dem man in der Heimat keinen Arzt aufsuchen würde. Im neuen Gastland kann man einen solchen Besuch aber nutzen, sich mit den Gegebenheiten vertraut zu machen und ein Gefühl für den Umgang mit dem Patienten zu bekommen. Wenn man weiß, dass auch ein ausländischer Arzt nett sein kann, fällt der Schritt in seine Praxis im Notfall umso leichter.

Hausangestellte

In vielen Entwicklungs- und Schwellenländern ist es für Angehörige der Mittel- und Oberschicht üblich, Hausangestellte zu beschäftigen. Da man als Expatriate aufgrund von Einkommen, Status und Wohnlage auch zu dieser Gesellschaftsschicht zählt, wird man sich möglicherweise anpassen. Die damit verbundenen Kosten sind meist deutlich niedriger als in der Heimat, was viele Ausgereiste dazu veranlasst, auch Hausangestellte einzustellen. Manche Firmen erlauben es auch den Mitarbeitern nicht, selbst ein Auto zu fahren und stellen den Familien Fahrer zur Verfügung. Je umfangreicher die Aufgaben der Hausangestellten sind, umso wahrscheinlicher ist es, dass sie auch mit im Haushalt wohnen. Dann werden sie, besonders für kleinere Kinder zu wichtigen Bezugspersonen.

Wer mit Kindern ausgereist ist, wird bei der Einstellung darauf achten, dass bei den Hausangestellten entsprechende Betreuungserfahrungen vorhanden sind. Denn es ist Teil ihrer Aufgabe, die Kinder der Familie zu betreuen, insbesondere wenn die Eltern nicht anwesend sind. Grundsätzlich ein enormer Vorteil im Vergleich zur Situation zu Hause, wo Eltern und Kinder häufig mit wechselnden Betreuern und Babysittern zurecht kommen müssen. Wenn die Eltern verhindert sind, steht eine Betreuungsperson für die Kinder zur Verfügung, zu der Eltern wie Kinder Vertrauen haben. Neben diesem praktischen Aspekt vermittelt der intensive Kontakt mit den einheimischen Hausangestellten den Kindern intensive interkulturelle Erfahrungen und manchmal sogar noch wichtige lokale Sprachkenntnisse. Manch einer, der als Kind im Ausland lebte, erlernte die lokale Sprache von den Hausangestellten.

Soweit die Vorteile. Eltern sollten sich allerdings darüber im klaren sein, dass entsprechende lokale Hausangestellte meist einen deutlich anderen 'Erziehungsstil' verfolgen als sie selbst: Im Zusammenleben mit den Kindern und Jugendlichen ihrer Arbeitgeber sehen diese Hausangestellten ihre Aufgabe keineswegs darin, den Kindern Grenzen zu setzen oder sie gar zu erziehen. Vielmehr unterhalten sie die Kinder, kümmern sich liebevoll um sie, lassen sich von ihnen herumkommandieren, loben sie und lachen mit ihnen. Sie folgen damit ihren kulturellen Standards der Kindererziehung, die beispielsweise heißen, Kinder sollen möglichst nie allein sein, Kinder werden verwöhnt und wenn sie unartig sind, werden sie liebevoll zurechtgewiesen, im schlimmsten Fall wird mit bösen Geistern gedroht. Die Kinder des Chefs sind 'kleine Chefs'. Hausangestellte werden sich deshalb hüten, diesen 'kleinen Chefs' etwas zu verweigern, ihnen zu widersprechen oder sie gar zu bestrafen. In vielen Gastländern hat eine Hausangestellte diese Möglichkeiten gegenüber übergeordneten Personen, zu denen auch die Kinder gehören, eben nicht; sie kann und sie wird sich daher nicht wehren.

Ein Beispiel: Eltern mögen erwarten, dass ihre Kinder ihr Zimmer selbst aufräumen. Hausangestellte fühlen sich jedoch dafür verantwortlich, dass die Wohnung ihrer Arbeitgeber in Ordnung gehalten wird. Sie werden eher das Chaos im Kinderzimmer selbst beseitigen als den widerborstigen 'kleinen Chef' zum aufräumen zu drängen. Und wenn das Kind am Abend nicht ins Bett gehen will, wird mit Schokolade oder Süßigkeiten nachgeholfen. Schließlich soll der Erziehungsauftrag zur Zufriedenheit der Eltern erfüllt werden und niemand sich beschweren.

Wenn Eltern hier nicht eingreifen, lernen ihre Kinder nicht, Grenzen zu erfahren, sondern sie vielmehr auf die Extreme zu prüfen und zu erweitern. Ohne entsprechende Gegensteuerung entwickeln sie oft auch eine ausgesprochen despotische Haltung Hausangestellten gegenüber. Eltern müssen tätig werden, wenn sie ein derartiges Verhalten bemerken. Denn gerade in Bezug auf die Einstellung zu Hausangestellten und ihre Behandlung sind die Eltern in hohem Maße Vorbild. Wer vor seinen Kindern über die Leistungen des Personals abfällige Bemerkungen macht, darf sich nicht wundern, wenn die Kinder eine wenig respektvolle Haltung an den Tag legen.

Kinder, die in der Vorstellung aufwachsen, dass die Hausangestellten für bestimmte Pflichten 'zuständig' sind und die sie damit nicht übernehmen müssen, tun sich bei der Rückkehr in die Heimat schwer. Denn in der mitteleuropäischen Heimat gibt es in der Regel keine Angestellten mehr, die das Zimmer aufräumen, die Schuhe wegpacken oder das Spielzeug einsammeln. Kindern, die nie gelernt haben, diese Pflichten auch selbst zu übernehmen, muss das in einem dann oft langwierigen Prozess erst (wieder) deutlich gemacht werden. Insofern ist es sinnvoll, den Kindern im Gastland zu vermitteln, dass es, trotz des Vorhandenseins einer Hausangestellten - bestimmte Pflichten gibt, die ihnen und nicht der

Hausangestellten obliegen. Oft zeigt sich jedoch, dass dies nicht nur den Kindern, sondern gerade auch den Hausangestellten selbst nur mit viel Hartnäckigkeit begreiflich zu machen ist.

Auch das Gegenteil von Verwöhnen kommt vor, allerdings weit seltener: In manchen Kulturen neigen die Hausangestellten dazu, die autoritären und wenig partnerschaftlichen Strukturen ihres Landes auf ihren eigenen pädagogischen Stil zu übertragen. Sie zeigen dann mehr Härte, als die ausländischen Eltern gutheißen: Auch eine gutherzige, anständige Hausangestellte mag es angemessen finden, Kinder zu schlagen. Wir sollten nicht vergessen, dass auch in Deutschland noch in den Sechziger Jahre des letzten Jahrhunderts der 'Rohrstock' in vielen Grundschulklassen nicht nur unübersehbar an der Wand stand, sondern auch 'bei Bedarf' zum Einsatz kam. In solchen Fällen raten wir gewiss nicht zur Anpassung an 'lokale Gewohnheiten', sondern zu klaren Anweisungen und, wenn sie nicht befolgt werden, zur Kündigung!

Womit sich ein weiteres Problem von Hausangestellten im Ausland ergibt: die Fluktuation. In manchen Ländern und an manchen Orten sind zuverlässige Hausangestellte die sich mit den Kindern verständigen können rar. In Schanghai etwa, ist es leicht Hausangestellte zu finden, diese sprechen aber in der Regel nur Chinesisch. Eine Maid die Englisch versteht ist selten und sich ihres Marktwerts durchaus bewusst. Von daher kann es sein, dass sie trotz guter Behandlung und ordentlichen Gehalts kurzfristig die Familie verlässt, wenn sich anderswo bessere Möglichkeiten bieten, zu arbeiten. Für die betroffenen Kinder, die sich vielleicht gerade an eine Bezugsperson gewöhnt hatten, ist der Abschied dann besonders schmerzhaft und die Nachfolgerin hat es umso schwerer, neues Vertauen aufzubauen.

Freundschaften und soziale Kontakte

Befragungen haben gezeigt, dass die Frage der sozialen Kontakte für Kinder und Jugendliche bei einem Umzug ins Ausland deutlich an erster Stelle rangiert. Tatsächlich stellen sich Probleme in verschiedener Hinsicht. Zum einen wird die Aufgabe des Freundeskreises zu Hause als Verlust empfunden, der mit Trauer und Rückzug beantwortet wird. Ein weiteres Problem, auf das viele Expats vor Ort hinweisen, ist die ständige Bewegung in der Expat-Community. Das dauernde Kommen und Gehen der Expats hat auch zur Folge, dass der Freundeskreis der Kinder und Jugendlichen vor Ort häufiger wechselt, als das in der Heimat der Fall wäre.

Ein Umzug ins Ausland ist für die Vertragsnehmer und ihre Familien meist mit einer Erhöhung des gesellschaftlichen Status verbunden. Die Möglichkeiten, die damit auch den Kindern etwa in Bezug auf die Schule oder die Freizeitgestaltung im Gastland geboten werden können, sind für die Eltern oft gerade auch Anreiz, eine Entsendung anzunehmen. Mit dem Umfeld verändert sich nicht zuletzt auch der Kreis, aus dem sich die Freunde der Kinder rekrutieren. Dabei gilt es zu bedenken, dass naturgemäß mit der Rückkehr nach Hause für die Kinder die umgekehrte Entwicklung ansteht und damit vorher selbstverständliche Annehmlichkeiten

(Personal, großes Haus, exklusive Freizeitmöglichkeiten etc.) nicht mehr zur Verfügung stehen.

Kameraden und Freunde finden die Kinder vor allem über die Schule. Das ist in Deutschland nicht grundsätzlich anders, gilt aber im Ausland vor allem dann noch stärker, wenn die Kinder auf Ganztagsschulen gehen und an Orten, in denen die Mobilität im Wohnumfeld eingeschränkt ist.

In asiatischen, arabischen und lateinamerikanischen Einsatzländern besuchen die Kinder in der Regel deutsche oder internationale Schulen. Am leichtesten fällt ihnen dort meist der Kontakt zu anderen deutschen Kindern, denn es gibt keine Sprachschwierigkeiten und auch die Eltern finden leichter zueinander. Daneben dominieren Freundschaften mit Kindern aus 'westlichen' Ländern (Europa, Nordamerika oder Australien). Dafür sind neben kulturellen vor allem soziale Gründe verantwortlich: Die neuen ausländischen Freunde stammen meist auch aus Familien, die im Gastland einen höheren gesellschaftlichen Status als im Heimatland haben. Von daher decken sich die Werte und Einstellungen dieser Eltern eher mit denen der deutschsprachigen Eltern. Denn die Kinder der Einheimischen auf deutschen oder internationalen Schulen stammen meist aus der Oberschicht ihres Landes, mit deren Wertvorstellungen sich viele Expat-Familen schwer tun.

Beim Aufbau von Kontakten mit Kindern und Jugendlichen aus anderen Kulturen werden Kinder und Jugendliche natürlich auch mit anderen Normen und Verhaltensweisen konfrontiert. Jüngere Kinder passen sich in der Regel den Normen ihrer Spielkameraden recht schnell an.

Probleme treten hier vor allem auf, wenn die Eltern diesen Normen ganz oder in wichtigen Bereichen kritisch gegenüberstehen und damit ihre Kinder bewusst oder unbewusst in einen Konflikt bringen. Geschätzte Erziehungsziele wie 'Durchsetzungsvermögen', 'Selbständigkeit', 'Kreativität', 'Aufrichtigkeit', 'natürliche Körperlichkeit' etc. mögen im Gastland eine weniger wichtige Rolle spielen wie hierzulande und entsprechend können Verhaltensweisen, zu denen deutsche Eltern ihre Kinder ermutigen, von deren Altersgenossen wenig geschätzt werden. Auch hier müssen sich Eltern wieder auf eine Gratwanderung begeben: Gewiss sollte man im Ausland seine Erziehungsziele nicht einfach aufgeben, aber man sollte sich doch von Anfang an darüber klar sein, dass die fremde Kultur auch und gerade bei den Kindern bleibende Spuren hinterlassen wird.

Der Widerspruch zwischen eigenen Erziehungszielen und anders gearteten Normen der Gastlandkultur tritt natürlich auch bei älteren Kindern und Jugendlichen auf. Hier kommt verstärkend hinzu, dass Teile der Gastlandkultur auch den Normen der deutschsprachigen Kinder selbst widersprechen können. Andere Einstellungen zu Fairness, Konkurrenz, Offenheit und Diskretion, andere Formen der Selbstdarstellung, anderer Umgang mit Autoritäten, andere Formen von Freizeitverhalten ('die wollen immer nur shoppen' oder 'mit denen kann man sich nicht richtig unterhalten') sind nur einige Felder von Kulturunterschieden, mit denen auch Kinder und Jugendliche konfrontiert werden.

Man darf nicht erwarten, dass Kinder oder Jugendliche solche Kulturunterschiede stets positiv bewerten. Wenn ihre Kinder die Kinder aus dem Gastland 'doof' finden, müssen sich die Eltern als 'interkulturelle Berater' bewähren:

- Sie müssen einerseits Verständnis für den Ärger und die Abneigung ihrer Kinder signalisieren: Schließlich zeigen diese Gefühle in den meisten Fällen nur, dass die Kinder das ernst nehmen, was man ihnen in ihrem bisherigen Leben als gut und richtig vermittelt hat. Eine allzu schnelle Relativierung der bisherigen Normen und Werte würde den Kindern als unaufrichtig erscheinen.
- Sie müssen dann allerdings Brücken zur Akzeptanz bauen, also nachvollziehbar machen, weshalb sich die fremden Kinder und Jugendlichen so verhalten, wie sie sich verhalten und dass man dieses Verhalten – jedenfalls oft – auch für akzeptabel halten kann, wenn man nur den Blickwinkel ein wenig ändert.
- Schließlich werden Eltern dann zusammen mit ihren Kindern überlegen müssen, wie die Kinder vorgehen sollten, um den Erwartungen der Einheimischen besser zu entsprechen und damit auch mehr Anerkennung und Akzeptanz zu finden.

Das klingt ziemlich anspruchsvoll und manche Eltern mögen sich von dieser interkulturellen Beraterrolle überfordert fühlen, ja es sogar oft sein. Seinen Kindern bei der Bewältigung interkultureller Unterschiede helfen zu können, setzt nicht nur geeignete *Haltungen* wie Offenheit und eine positive, aber nicht kritiklose Einstellung zur Kultur des Gastlandes, sondern auch *Wissen* um grundlegende Werte und Normen der Gastlandgesellschaft voraus. Es ist daher sehr empfehlenswert, wenn nicht nur die Auslandsmitarbeiter, sondern auch deren mitausreisende Partner/innen vor der Ausreise ein interkulturelles Training besuchen. Die dort vermittelte Orientierung über die Kultur des Einsatzlandes dient eben nicht nur der eigenen Integration, sondern schafft auch die Voraussetzungen dafür, Kinder bei der positiven Bewältigung von erlebten Kulturunterschieden zu helfen.

Fragt man diejenigen, die als Kinder und Jugendliche einmal im Ausland gelebt haben, was ihnen im Rahmen ihrer Schwierigkeiten geholfen hat, werden immer wieder folgende Kernpunkte genannt:

- Die Befragten weisen vor allem auf die Bedeutung unterstützender Beziehungen (Familie, Freunde) hin, in denen sie als Kinder und Jugendliche Verständnis und Hilfe in Bezug auf ihre Probleme gefunden hatten.
- Einige Befragte gaben an, es hätte ihnen als Kinder und Jugendliche geholfen, sich selbst auch mal 'Mut zuzusprechen' und aktiv zu planen, wie die Zukunft aussehen würde.
- Zudem wurde es als hilfreich erlebt, ausreichend Beschäftigung zu haben, beispielsweise Hobbys nachgehen zu können.

Freizeitgestaltung

Im Schulkapitel wiesen wir bereits darauf hin, dass viele Auslandsschulen einen Ganztagsbetrieb, häufig verbunden mit Freizeitaktivitäten, anbieten. Auch die Schulwege sind häufig länger als in der Heimat. Von daher bleibt den Kindern, wenn sie dann am Nachmittag nach Hause kommen, meist wenig Raum zur Freizeitgestaltung. Viele Wohnanlagen verfügen überdies über Swimmingpools, Spielplätze und Sportmöglichkeiten. Vor allem in der Anfangszeit, wenn all dies noch ungewohnt ist, nutzen die Kinder dies mit Begeisterung. Von daher sollte man sich nach der Ankunft nicht allzu sehr unter Druck setzen, den Kindern Freizeitangebote zu machen.

Haben Schule und Wohnanlage aber an Attraktivität eingebüßt, muss man sich umschauen, was der neue Wohnort sonst zu bieten hat. Dabei geht es darum, Gleichgesinnte zu finden, mit denen regelmäßige Freizeitaktivitäten ausgeübt werden können. Eine Vereinsstruktur wie in unseren Breitengraden, in der bestimmte Sportarten, Tanz, Spiele oder andere Freizeitaktivitäten ausgeübt und meist in einem ehrenamtlichen Rahmen organisiert sind, wird man dabei selten vorfinden. Meist handelt es sich um private, gewinnorientiert arbeitende Unternehmen, vergleichbar einem deutschen Fitnesscenter. Außerdem gibt es an vielen Orten eher elitäre Sportclubs, bei denen man sehr hohe Beiträge bezahlen muss und teilweise nur über Mitgliederempfehlung aufgenommen wird. Anderswo findet Sport fast ausschließlich an (Hoch)-Schulen und Universitäten statt.

Nicht immer ist die gewünschte Sportart verfügbar, der zeitliche Rahmen ist unpassend oder der Transport ist zu aufwändig .

Mit anderen Worten: die Suche verlangt häufig etwas Geduld. Expatriatetreffen bzw. –foren im Internet, aber auch Kirchengemeinden sind oft gute Möglichkeiten um Tipps zu bekommen. Und natürlich braucht man Anpassungsbereitschaft und Flexibilität, das lokal Vorhandene schätzen zu lernen. Denn in anderen Ländern geht man eben auch anderen Freizeitbeschäftigungen nach. Aber darin kann ja auch ein enormer Reiz liegen. So ist schon aus manchem passionierten Fußballer ein Rugby- oder Basketballspieler geworden und manche Schwimmerin lernte in der Fremde begeistert tauchen oder windsurfen. Denn das Ziel ist natürlich vor allem den Kontakt zu einer Bezugsgruppe herzustellen, in der die Kinder Freundschaften entwickeln und Spaß haben können.

Überblick: Anpassung an den neuen Alltag

- ✓ **Eingewöhnung:** Insgesamt überwinden Kinder die kulturelle Umstellung sehr viel schneller und leichter als Erwachsene. Allerdings gibt es alterspezifische Unterschiede.
- ✓ **Stabilität und Kontinuität:** Vor allem in der Anfangszeit sind viele Gespräche notwendig, um die ungewohnten Erfahrungen zu verarbeiten. Der Stabilität dienen auch feste Regeln: feste Zeiten zum Aufstehen, Essen, Schlafen, sowie eventuell eine Fernseh- oder Videophase. Außerdem eingespielte Rituale und klare Regeln, so oder so ähnlich, wie sie auch in der Heimat galten. Kinder brauchen das Gefühl, dass vieles auch weitergeht wie vorher.
- ✓ **Wenig Druck:** Nicht zu viel Leistungsdruck auf die Kinder ausüben, auch keinen Druck, sich schnell 'integrieren' zu sollen!
- ✓ **Kleinkinder:** In den ersten Jahren ist die Mutter Hauptbezugsperson und somit 'Stabilitätsvermittler'. Freundschaften sind noch recht instabil. Spielzeuge sind im Kleinkindalter weit wichtiger als die Möbel. Anpassungsprobleme kommen eher körperlich vor: Kinderkrankheiten, Erkältungen, Magen- Darmstörungen, Ausschläge etc. können häufiger auftreten als daheim.
- ✓ **Schulkinder von 6-12 Jahren:** Neues, Fremdes und Unverständliches muss verarbeitet werden. Dabei brauchen die Kinder Unterstützung, denn häufig bedeutet dies, das eigene Verhalten ändern

zu müssen. Um selbständig zu werden, müssen die Regeln den neuen Gegebenheiten angepasst werden. Für Mobilität und Sicherheit sind Handys mit Notrufnummern sinnvoll, auch Karten mit der Adresse in Landessprache ist empfehlenswert.

- ✓ **Teenager:** Ihr Drang nach Selbständigkeit wird mitunter zunächst eingeschränkt, die Abhängigkeit von den Eltern fällt schwer. Die Anpassung an lokale Gegebenheiten und Rechtsvorschriften erfordert besonderes Augenmerk, denn lokale Lebensweisen und Überlebenstechniken müssen erlernt werden. Die Eltern sind bei dieser Gratwanderung zwischen Strenge und Freizügigkeit besonders gefordert. Sie müssen zu interkulturellen Beratern werden, wenn die Widersprüche zwischen der Heimatkultur und dem Gastland als besonders dramatisch erlebt werden.
- ✓ **Botschaft:** die Registrierung bei der deutschen Botschaft nach der Ankunft ist zu empfehlen.
- ✓ **Gesundheitssystem:** Suchen Sie sich nach der Ankunft einen Kinderarzt und machen sie sich mit den Besonderheiten des lokalen Gesundheitssystems vertraut.
- ✓ **Hausangestellte**: sind im Ausland oft üblich und preiswerter als in Europa. Sie können Kleinkinder beaufsichtigen, tun sich aber schwer damit, ihnen Grenzen zu setzen und sind daher nur bedingt für Erziehungsaufgaben geeignet.
- ✓ **Neue Freunde:** Freunde zu finden ist das wichtigste Anliegen der Kinder und Jugendlichen. Allerdings wechseln die Freunde in Expatgemeinden wesentlich häufiger, als daheim.

- ✓ **Freizeit:** Aufgrund der verbreiteten Ganztagsschulen bleibt weniger Raum zur eigenständigen Freizeitgestaltung. Vereine und Sportclubs sind meist schwerer zu finden als daheim. Geduld, Anpassungsbereitschaft und vor allem Flexibilität sind gefordert, denn das wichtigste Ziel heißt Gleichgesinnte zu finden.

6 Rückkehr und Reintegration

Entsendungszeiträume von vier bis sechs Jahren sind heutzutage bei Auslandstransfers weit verbreitet. Was Erwachsenen als exotisches Intermezzo im Lebenslauf erscheint, ist für Kinder häufig eine Zeitspanne, die prägender und umfassender ist, als ihre Erfahrungen in ihrer deutschen Heimat. So erleben denn auch manche von ihnen massive Schwierigkeiten bei der Rückkehr in die Heimat. Oft haben sie niemals bewusst in der eigenen Kultur gelebt und vieles dort ist ihnen unbekannt. Schulische Gegebenheiten oder alltägliche Verhaltensregeln sind ihnen nicht vertraut, die Wohnverhältnisse empfinden sie häufig als beengend und einschränkend und oft sind sie unsicher, was für die Daheimgebliebenen gerade wichtig ist. Folglich müssen ihre Eltern mit längeren Wiedereingewöhnungszeit rechnen.

Wo ist 'Heimat '?

Ähnliches gilt für die Reintegration von Jugendlichen, auch wenn diese nur einige Jahre im Ausland waren. Nach einem mehrjährigen Auslandsaufenthalt haben Jugendliche das Gefühl dafür verloren, was in der Heimatstadt gerade 'üblich' oder 'in' ist. Sie haben zum Teil deutlich andere Lebensweisen erfahren, andere Schwerpunkte gesetzt, einen völlig anderen Alltag erlebt. Damit geraten sie bei der Rückkehr schnell in die

Rolle eines 'Exoten' oder Außenseiters. Besonders Jugendliche suchen in hohem Maße die Integration in die Gruppe und die Anerkennung durch Gleichaltrige. Sie wollen gerade nicht als 'Exot' auffallen, sondern so normal sein, wie alle anderen. Oft wird deswegen versucht, das bisherige 'exotische' Dasein herunterzuspielen oder möglicherweise ganz und gar zu verschweigen. Mitunter weigern sich die Jugendlichen, die bis dahin beherrschte Sprache des Gastlandes weiterhin zu sprechen.

Besondere Reintegrationsschwierigkeiten können auch auftreten, wenn große Teile der Pubertät im Ausland verbracht wurden, also während einer Entwicklungsperiode, in der sich geschlechtstypische Verhaltensweisen besonders stark ausprägen. Die Wiedereingliederung ins Heimatland ist insbesondere dann problematisch, wenn die Geschlechterrollen im Gastland anders ausgesehen haben, als in der deutschsprachigen Heimat. Jugendliche orientieren sich in der Übernahme von Rollenmustern nicht nur an den Rollenvorbildern der eigenen Eltern, sondern des gesamten weiteren Umfelds und übernehmen damit unter Umständen entsprechende Verhaltensformen des Gastlandes. Wer etwa als Jugendlicher in einem islamischen Land heranwächst, erlebt ein völlig anderes Verständnis von der Rolle der Frau oder des Mannes, als Jugendliche im deutschsprachigen Raum.

Zu Beginn eines Auslandsaufenthaltes steht für Eltern die Integration ins Gastland im Mittelpunkt der Aufmerksamkeit. Ist diese geschafft und hat sich ein 'normaler' Alltag etabliert, konzentrieren sie sich wieder auf die gewohnten Elternpflichten. Doch Vorsicht! Gerade weil Kinder und Jugendliche keine so intensive Bindung an ihre Heimatkultur aufweisen, gelingt ihnen zwar die Integration rascher als Erwachsenen, gleichzeitig schwindet aber die Bindung an das Heimatland auch schneller. Von daher sollte das Thema 'Reintegration' schon bald nach der Eingewöhnungsphase einen festen Platz in der Lebensplanung der Familie einnehmen.

Das Heimatland attraktiv halten

Eltern sollten sich immer wieder fragen, wie sie das Heimatland für ihre Kinder attraktiv halten können. Das ist nicht nur für die schulische Wiedereingliederung relevant, auf die bereits im Schul-Kapitel eingegangen wurde. So sollten etwa regelmäßig Heimaturlaube eingeplant werden, auch wenn der Urlaub knapp ist und es im Gastland noch viel zu entdecken gibt. Kinder und Jugendliche sollten den Anschluss an das halten, was 'zu Hause' passiert. Das heißt natürlich auch, Heimaturlaube so zu gestalten, dass sie spezielle 'Höhepunkte' für die Kinder beinhalten, die helfen, das ursprüngliche Zuhause attraktiv erscheinen zu lassen und nicht nur als das Land, wo Papa und Mama eine Menge uninteressante Leute treffen.

Wie unter dem Aspekt 'Sprache' schon erwähnt, bieten Internet-Foren heute zumindest älteren Kindern und Jugendlichen die Möglichkeit, von überall in der Welt Kontakt und Kommunikation mit Gleichaltrigen zu halten und zu pflegen. Dies sollte nicht am verbreiteten Misstrauen von Eltern gegen solche computergestützten Kommunikationsformen scheitern! Im Gegenteil sollten sich Eltern von Kindern, die in einem Alter ausgereist sind, in dem solche Kommunikationsformen noch nicht interessant waren, versuchen, ihre Kinder auch auf deutsche Foren zu lenken, wenn sie merken, dass nun ein Interesse an solchem virtuellen Austausch entstanden ist. Sonst werden die 'Kids' natürlich nur das nützen, was in ihrem Freundeskreis 'in' ist, also keine deutschen Kontaktmöglichkeiten.

Die Wiederanpassung an das Heimatland, bzw. die Anpassung an das Heimatland der Eltern, stellt eine weitere, nicht unbeträchtliche Herausforderung für die ins Ausland gereisten Kinder und Jugendlichen und ihre Familien dar. Sie sollte nicht unterschätzt werden, wird sie doch von manchen Rückkehrern als schwieriger erlebt, als die Adaption an das Gastland. Doch erst wenn es den Kindern und Jugendlichen gelungen ist, wieder 'zu Hause' erfolgreich Fuß zu fassen, sich auch dort zu integrieren und einen neuen Freundeskreis aufzubauen, ist der lange Prozess der Ausreise abgeschlossen.

Übersicht: Reintegration

- ✓ **Fremde Heimat:** für viele zurückkehrende Kinder war die Zeit im Ausland prägender, als die im Heimatland. Daher können die Schwierigkeiten bei der Rückkehr größer sein, als bei der Ausreise.
- ✓ **Weniger Bindung:** weil Kinder und Jugendliche keine so intensive Bindung an ihre Heimatkultur aufweisen, gelingt ihnen zwar die Integration rascher als Erwachsenen, gleichzeitig schwindet aber die Bindung an das Heimatland auch schneller.
- ✓ **Jugendliche:** Sie tun sich bei der Reintegration besonders schwer, denn die Prägung durch das Gastland ist bei ihnen besonders ausgeprägt. So haben sie häufig völlig andere Rollenmuster als die in der Heimat üblichen gelernt.
- ✓ **Rückkehr früh mitplanen:** das Thema Reintegration sollte schon bald nach der Eingewöhnungsphase einen festen Platz in der Lebensplanung der Familie einnehmen. Schulische Defizite sollten durch Nachhilfe- oder Ergänzungsunterricht kompensiert werden. Gegen die emotionale Entfremdung hilft vor allem Kontakt mit dem Heimatland. Daher sollte man
- ✓ **Heimatbesuche:** regelmäßig einplanen und dabei überlegen, wie man die Heimat für die Kinder attraktiv halten kann.

7 Wirkungen von langfristigen Auslandsaufenthalten

Viele Eltern erhoffen sich von einem Auslandsaufenthalt für ihre Kinder eine persönliche Bereicherung in Richtung auf Toleranz, Horizonterweiterung und Internationalität. Vor Ort zeigen sie sich oft enttäuscht, wenn die Kinder auf das Gastland nicht in dem Maße interessiert reagieren oder es zuweilen gar ablehnen. Dennoch belegen Langzeituntersuchungen, dass Auslandsaufenthalte bei Kindern häufig durchaus positive Wirkungen haben. Oft beschreiben die ausgereisten Kinder erst als Jugendliche oder Erwachsene, also aus einem gewissen zeitlichen Abstand heraus, ihre Auslandserfahrungen als persönliche Bereicherung. Von daher haben wir nachfolgend Ergebnisse von Forschungen zusammengestellt, die sich mit der Frage beschäftigen, wie sich langfristige Auslandsaufenthalte auf Kinder und Jugendliche auswirken.

Auslandserfahrene oder Heimatlose?

Naheliegenderweise hängt die Einschätzung eines Erwachsenen über seine mobile Kindheit vor allem davon ab, wie oft man umziehen musste und wie lange man in den jeweiligen Kulturen gelebt hat. Für die meisten Eltern ist die bevorstehende Ausreise die erste, ihre Kinder sind überwiegend im Vor- oder Grundschulalter, wie Untersuchungen des I-FIM belegen. Viele Eltern gehen bei der Ausreise davon aus, dass es bei der einmaligen Ausreise über die im Vertrag vorgesehene Dauer bleibt. Tatsächlich sind jedoch Vertragsverlängerungen im Ausland eher die Regel und zunehmend schließen sich an den Auslandsaufenthalt weitere Entsendungen in andere Länder an.

Damit stehen den Kindern immer häufiger mehrere Kulturwechsel bevor. Lange Zeit betraf dieses Phänomen nur die Kinder von Diplomaten, Missionaren und Soldaten, seltener von Journalisten und Entwicklungshelfern. Durch die zunehmende Globalisierung werden jedoch in den letzten Jahren auch immer mehr Angestellte international operierender Unternehmen zu mehreren internationalen Ortswechseln aufgefordert. Während die Eltern meist aus einer eindeutig zuzuordnenden Heimatkultur stammen und sich damit identifizieren, ist die kulturelle Identität ihrer Kinder wesentlich weniger gefestigt. Mit der ersten Ausreise beginnt für viele von ihnen ein globales Nomadentum dessen Folgen sich allmählich abzuzeichnen beginnen. Bevor sie erwachsen sind, haben manche von ihnen in mehreren Ländern gelebt.

In der neueren Forschungsliteratur werden diese Kinder mittlerweile als 'Third Culture Kids' bezeichnet. Der Begriff stammt von der Sozialwissenschaftlerin Ruth Hill Useem, die in den 60er Jahren Kinder von amerikanischen Expatriates in Indien untersuchte. Sie bezeichnete die Heimatkultur der Eltern als die erste und die des jeweiligen Gastlandes als die zweite Kultur. Da die untersuchten Kinder aber keiner dieser Kulturen eindeutig zuzuordnen waren, andererseits aber Charakteristika zeigten, die sie mit Expatriatekindern in und aus andern Ländern gemeinsam hatten, sprach sie von einer dritten Kultur.

Third Culture Kids bilden eine neue Kultur in sich selbst, denn sie fühlen sich weder dem Heimatland der Eltern, noch einer der Kulturen, in denen sie gelebt haben, zugehörig. Wenn sich diese Kinder von Expatriates als Erwachsene treffen, dann finden sie, unabhängig davon, wo sie geboren wurden und in welchen Ländern sie gelebt haben, relativ schnell Gemeinsamkeiten, deren Entdeckung sie häufig selbst überrascht: sie alle verbindet ein Gefühl der Heimatlosigkeit, ein Fehlen von Verwurzelung in einem bestimmten Land, was sie aber nicht durchgängig als Nachteil erleben.

Manche von ihnen haben in den Ländern, die ihre Eltern als 'Ausland' bezeichnen, mehr Zeit verbracht als in ihren sogenannten Heimatländern, deren Pass sie in der Regel besitzen. In den Gastländern aber brauchen sie ständig Aufenthaltsvisa, dürfen als junge Erwachsene nicht arbeiten und nur unter besonderen Auflagen studieren. Wenn sie dann in ihre Heimatländer zurückkommen, fühlen sie sich dort häufig auch deplaziert: Ihre Altersgenossen beschäftigen sich mit lokalen Angelegenheiten, Moden, Vorbildern und Lebensformen, die Rückkehrer aus dem Ausland sind durch ihre Erfahrungen eher global geprägt und interessiert. Es gibt wenig Berührungspunkte.

Häufig sind diese Rückkehrer stark von dem Milieu und den Kulturen in denen sie gelebt haben geprägt. Sie gehen häufiger auf internationale oder auch auf einheimische Schulen und werden dort häufig nach Lehrplänen unterrichtet, die stark von denen in ihren Heimatländern abweichen. In den Schulen sitzen sie oft mit Kindern aus den Gastländern oder mit anderen Ausländerkindern zusammen. Ihre Lernerfahrungen haben ein sehr eigenständiges und neues Element, das so weder im Heimatland, noch im Gastland zu finden ist, das aber zu einem prägenden Teil ihrer Identität geworden ist. Sie werden so zu 'internationalen' Kindern und bereiten sich damit manchmal unbewusst auf ein späteres globales Nomadentum vor.

Typische Charakteristika

Was bedeutet dies nun? Was ist typisch für Kinder, die in mehreren Kulturen aufwachsen? Langzeituntersuchungen belegen, dass sie oft eine umfassendere Sichtweise der Dinge haben, viel Verständnis für unterschiedliche Lebensformen und Gewohnheiten aufbringen und Fremdem und Neuem gegenüber offener sind als ihre Altersgenossen, die in der Heimat aufwachsen. Ethnozentristische oder gar nationalistische Sichtweisen sind bei ihnen weit weniger stark ausgebildet. Ihre Toleranz kann sie zu guten Konfliktvermittlern machen.

Meist haben sie ein besonders gutes Sprachvermögen. Sie sprechen nicht nur mehrere Fremdsprachen, sondern finden es auch leichter, neue zu erlernen. Häufig sind sie im verbalen Sprachvermögen deutlich besser als in der Schriftsprache. Außerdem wird häufig berichtet, dass sie besonders viel Phantasie und Kreativität mitbringen und sehr bildreich und faszinierend beschreiben können.

Sie sind auch gemeinhin besonders kontaktfreudig. Ein großer internationaler Freundeskreis ist üblich, denn sie haben schon viele Menschen kennen gelernt und immer wieder die Notwendigkeit von Beziehungen erfahren, die für Neuankömmlinge besonders wichtig sind. So ist ihre Extrovertiertheit vor allem das Ergebnis ihrer äußeren Umstände. Sich anderen zuwenden zu können war für sie in der Regel ein wichtiges Integrationskriterium.

Andererseits berichten Pollock und van Recken auch, dass 40% der von ihnen befragten, mittlerweile erwachsenen Expatriatekinder, Angst vor zu engen Beziehungen hätten (S.139). Viele klagten über Schwierigkeiten sich intensiv auf Menschen einzulassen und bei Konflikten schnell das Gefühl zu haben, die Koffer packen und abreisen zu wollen. Typisch für sie sind auch 'quick releases' – man lässt Freunde oder Partner leicht ziehen, sobald Anstalten von Trennung gemacht werden. Einige gaben an, die Trauer über den Verlust eines Freundes oder Lebenspartners lieber herunterzuspielen. Sicherlich keine unproblematischen Reaktionen, aber angesichts ihrer Lebensumstände ein nachvollziehbares Verhalten.

Schule, Ausbildung und Beruf

Auch die langfristigen Wirkungen auf den schulischen Erfolg mobiler Kinder waren Gegenstand von Untersuchungen. Danach sind diese im Vergleich zu ihren daheimgebliebenen Altersgenossen im Durchschnitt akademisch erfolgreicher. Allerdings sind auch die Abweichungen in beide Richtungen bei den TCK größer. Offensichtlich können die häufigeren Wechsel des Schulsystems durchaus zu großen Belastungen führen.

Außerdem hat sich gezeigt, dass hochmobile Kinder als Studenten ein höheres Maß an Anpassung, Autonomie und Flexibilität zeigten. Sie litten auch im allgemeinen weniger unter Prüfungsängsten. Voraussetzung war allerdings, dass sie als Kinder in der Häufigkeit und dem Ausmaß der Veränderungen nicht überfordert worden waren. Darüber hinaus belegen Untersuchungen dass eine Kindheit in verschiedenen Ländern offensichtlich für eine Berufstätigkeit im internationalen Feld prädestiniert: viele, die als Kind im Ausland gelebt haben, arbeiten als Erwachsene in einem internationalen Umfeld.

Vom Jugendlichen zum Erwachsenen

Jugendliche, die auf eine Kindheit in mehreren Kulturen zurückblicken, werden oft von ihrer Umgebung als frühreif empfunden. Sie scheinen dann intellektuell weiter entwickelt als Gleichaltrige in der Heimat und verfügen über ein breiteres Erfahrungswissen. Sie sind gewandter in der Kommunikation und erscheinen selbstsicherer im Umgang mit Erwachsenen. Meist sind sie ja auch früh zur Selbständigkeit erzogen worden. Sie sind in der Regel auch recht entscheidungsfreudig und schieben nichts auf die lange Bank, denn sie sind es gewohnt, dass sich ihre Lebensumstände schnell und radikal ändern können.

Doch die offensichtliche Selbstsicherheit täuscht. Bei näherem Kontakt kann man häufig die Beobachtung machen, dass sie emotional eher labiler und weniger gefestigt sind, als ihre Altersgenossen. Angesichts der beschriebenen Rahmenbedingungen ist es verständlich, dass es ihnen sogar schwerer fällt, Selbstverantwortung und eine eigene Identität zu entwickeln.

Sie werden oft als 'Chamäleons' beschrieben: Sie sind vorsichtig, sich in eine neue Kultur oder Gruppe einzulassen, denn die Angst, Vertrautes wieder aufgeben zu müssen, schwingt mit. Sie wollen auch nicht als Außenseiter dastehen, daher beobachten sie ihre Umgebung genau und sind ausgesprochen adaptionsfähig. Schnell nehmen sie die typischen kulturellen Praktiken an: Begrüßungsformen, Sprachgewohnheiten (auch Dialekte), Kleidungsgewohnheiten, Haarschnitte usw. beherrschen sie nach kurzer Zeit. Wenn es dagegen zu Wertäußerungen und Meinungen kommt, halten sie sich eher zurück, denn dabei drohen leicht Loyalitätskonflikte. So empfindet ihre Umgebung zuweilen, dass sie wenig Profil zeigen, keinen eigenen Stil haben und ihre Identität nicht ausmachen können.

Viele sehnen sich nach festen, absoluten und unveränderlichen Werten. Denn ihr Konflikt ist häufig kaum lösbar: wie kann man sich in der einen Kultur anpassen, ohne die Werte der anderen Kultur aufzugeben? So findet man zum Teil rigide Umgangsformen: die totale Ablehnung der Heimat- oder auch der jeweiligen Gastkultur. Manches Kind, das Jahre im Ausland gelebt hat, empfindet die daheim gebliebenen Altersgenossen als kleinkrämerisch, engstirnig oder provinziell. Häufig kehren sie von solchen 'Heimatbesuchen' mit dem Gefühl zurück, dort nicht mehr hinzugehören.

Später, als Erwachsene gelingt es ihnen dann, dies auch positiv zu sehen. Neben dem Heimatland der Eltern gibt es noch mehrere andere Orte in ihrem Leben, die prägend waren und mit denen sie starke Emotionen verbinden. Sie haben viele Wurzeln, aber keine Heimat. So findet man bei manchen von ihnen eine gewisse Rastlosigkeit. Sie sind immer auf der Suche nach dem perfekten Aufenthaltsort und nicht bereit, sich mit einer Umgebung abzufinden. Sie ziehen um, auch wenn es der Job nicht verlangt. Sie wechseln die Uni, weil es woanders besser zu sein verspricht. Nichts scheint zu passen, sich irgendwo niederzulassen hieße, andere Orte, die genauso reizen, aufzugeben. Ein Heimatgefühl scheint unmöglich zu erreichen. Es gibt aber auch das gegenteilige Reaktionsmuster: man begegnet der Bewegtheit und Ruhelosigkeit der Kindheit mit trotziger Starre. Einige ehemalige Expatriatekinder haben sich irgendwo niedergelassen und geschworen, nie wieder umzuziehen. Manche werden so bodenständig, dass sie nicht einmal in Urlaub fahren. Auf die Mobilität ihrer Eltern haben sie mit trotziger Immobilität reagiert.

Beeinflussende Faktoren

In welchem Maße die oben genannten Wirkungen auftreten, hängt natürlich von den individuellen Erfahrungen ab. Vor allem der Grad und die Häufigkeit der Veränderungen, sowie die Gesamtdauer der Zeit im Ausland sind wichtige Einflussfaktoren für die Verarbeitung der Erlebnisse. Extreme Auswirkungen wie etwa fehlende Selbstakzeptanz, Bindungsunfähigkeit oder Unsicherheit sind in der Regel die Folge häufiger Ortswechsel mit jeweils kurzer Verweildauer.

Außerdem spielt das Alter der Kinder bei der Ausreise eine entscheidende Rolle für deren Entwicklung. Wir sahen zuvor bereits, dass Auslandsaufenthalte mit pubertierenden Kindern als schwieriger anzusehen sind. Aber auch bei Kleinkindern können Probleme auftreten, wenn beispielsweise Einschulung und Umzug als Mehrfachbelastung wirken.

Von daher ist vor allem der Umgang der Eltern mit den Bedürfnissen ihrer Kinder entscheidend. Die Notwendigkeit eines Umzugs in ein anderes Land sollte immer wieder vor dem Hintergrund des Wohlergehens der gesamten Familie überprüft werden. Was für die Vertragsnehmer häufig eine 'einmalige Chance' bedeutet, kann für andere Familienmitglieder ein großes Opfer oder eine enorme Stressbelastung sein.

Bei häufigen Ortswechseln sind Kinder von Auslandsmitarbeitern in besonderem Maße mit Trennungen und Verlusten konfrontiert. Wie bereits zuvor thematisiert, ist es von entscheidender Wichtigkeit für eine erfolgreiche Eingewöhnung, dass Kinder Abschiede bewusst durchleben können und ihnen auch ermöglicht wird, über Verluste zu trauern. Zeit und Gespräche, in denen Eltern auch ihre eigenen Gefühle vermitteln, haben sich als wichtiger erwiesen als Trostpflaster und Versprechungen.

Von großer Bedeutung ist letztlich, wie die Eltern selbst die kulturellen Wechsel erleben und wie sehr sie dabei in der Lage sind, auf die Bedürfnisse ihrer Kinder einzugehen. Wenn sie selbst eine positive Einstellung zu ihrer neuen Umgebung entwickeln und wenn sie sich in den neuen Kulturen mit Kontaktbereitschaft um Integration bemühen, ist dies eine wichtige Voraussetzung für eine positive Entwicklung ihrer Kinder. Wenn es ihnen darüber hinaus gelingt, zueinander und zu ihren Kinder eine stabile Beziehung aufzubauen, die jedem Familienmitglied sowohl Geborgenheit als auch Entfaltungsspielraum bietet, dann können auch neue kulturelle Erfahrung als persönliche Bereicherung erlebt werden.

Übersicht: Wirkungen von Langzeitaufenthalten in wechselnden Kulturen

- ✓ **Insgesamt positiv:** Im Ausland Aufgewachsene beschreiben in Langzeituntersuchungen die Aufenthalte insgesamt als persönliche Bereicherung, allerdings manchmal erst aus der zeitlichen Distanz heraus.
- ✓ **Ungefestigte Identität:** Während die Eltern sich mit ihrer Heimatkultur identifizieren, ist die kulturelle Identität ihrer Kinder wesentlich weniger gefestigt.
- ✓ **Third Culture Kids**: Kinder, die ihre Identität weder in der Heimatkultur der Eltern noch eindeutig in einer Gastkultur finden, bezeichnet man als 'Third Culture Kids'.
- ✓ **Typische positive Eigenschaften**: TCKs zeichnen sich aus durch Verständnis für unterschiedliche Lebensformen und Gewohnheiten; Aufgeschlossenheit gegenüber Neuem und Fremdem; Kontaktfreudigkeit; gutes Sprachvermögen; viel Selbstsicherheit, Phantasie und Kreativität. Sie beobachten sie ihre Umgebung genau und sind ausgesprochen adaptionsfähig.
- ✓ **Problematische Eigenschaften:** Andererseits entwickeln TCKs oft Angst vor zu engen Beziehungen; sie lassen Freunde oder Partner leichter ziehen und sind emotional eher labiler und weniger gefestigt, als ihre Altersgenossen. Oft sind sie rastlos und im-

mer auf der Suche nach dem perfekten Aufenthaltsort. Andere werden immobil und sehr bodenständig.

- ✓ **Faktor Umzugshäufigkeit:** Die Wirkung von Auslandsaufenthalten ist stark davon abhängig, wie oft man als Kind umziehen musste.
- ✓ **Faktor Eltern:** Auch die Frage, wie die Eltern selbst die kulturellen Wechsel erlebt haben, prägt deren Bewertung durch die Kinder.

8 Einige empirische Daten zur Integration

Das IFIM befragt die Teilnehmer seiner Auslandsvorbereitungsseminare regelmäßig schriftlich zu ihren Erfahrungen im Einsatzland. Ein spezieller Frageblock bezieht sich auf die Eingewöhnung der Kinder.

Im folgenden sind die Erfahrungen von 587 Ausgereisten verarbeitet. 360 Antwortende sind von Auslandsmitarbeiter/innen, 227 von Mitausgereisten. Fast alle Auslandsmitarbeiter sind männlich, fast alle Mitausgereisten weiblich. Die Eltern sind seit etwa einem Jahr im Ausland, wenn sie den Fragebogen erhalten, die Eingewöhnungsphase kann also als abgeschlossen betrachtet werden.

Im Fragebogen gibt das IFIM Aussagen vor, die mit

1 = Ja genau

2 = Eher ja

3 = Neutral

4 = Eher nicht

5 = Gar nicht

bewertet werden müssen. Daneben können frei formulierte Hinweise gegeben werden, die schon an zahlreichen Stellen in den Text eingeflossen sind. Nachfolgend haben wir relevantesten Aussagen zum Thema zusammengestellt.

Schwieriger Abschied?

Aussage: 'Die Trennung vom bisherigen Umfeld war schon schwierig'

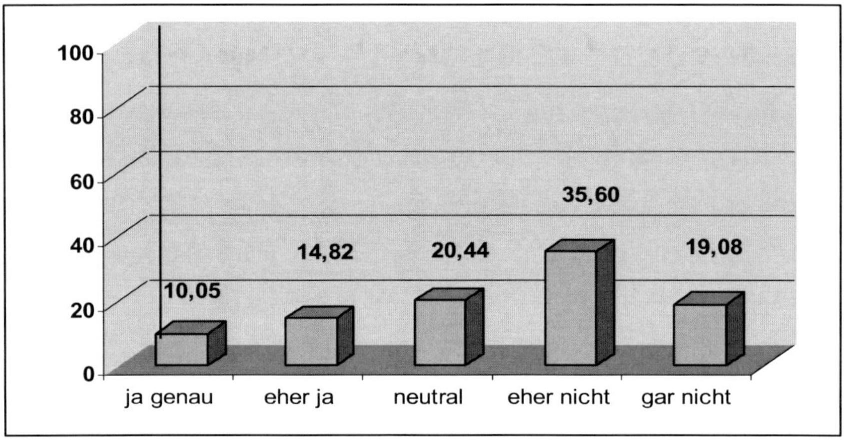

Die Mehrzahl der antwortenden Eltern hat die Trennung der Kinder also als 'eher nicht' oder 'gar nicht' schwierig erlebt. Es gibt aber offensichtlich aber auch gegenteilige Erfahrungen.

Erwartungsgemäß spielt hier das Alter der Kinder eine erhebliche Rolle:

	Vorschul-alter	Grundschul-alter	Sekundar-schulalter	Junge Erwachsene
ja genau	7,23	10,34	16,10	21,43
eher ja	12,05	21,18	26,27	17,86
neutral	19,76	23,15	22,03	10,71
eher nicht	38,31	37,44	27,97	35,71
gar nicht	22,65	7,88	7,63	14,29

Die Trennung junger Kinder vom bisherigen Umfeld verläuft also recht unproblematisch, im Grundschul- und Sekundarschulalter ist sie deutlich schwieriger. Bei den über 18jährigen polarisiert sich die Verteilung.

Bei dieser Aussage finden sich auch statistisch bedeutsame Ländereffekte. In der nachfolgenden Grafik finden Sie die Mittelwerte zu der Aussage: 'Die Trennung … war schon schwierig' nach ausgewählten Ländern: Je kleiner der Wert, desto deutlicher wird zugestimmt.

Entgegen verbreiteten Erwartungen berichten grade Eltern aus China von relativ problemloser Trennung, in Indien, Hongkong und – erstaunlicherweise – Brasilien wird sie als schwieriger erlebt:

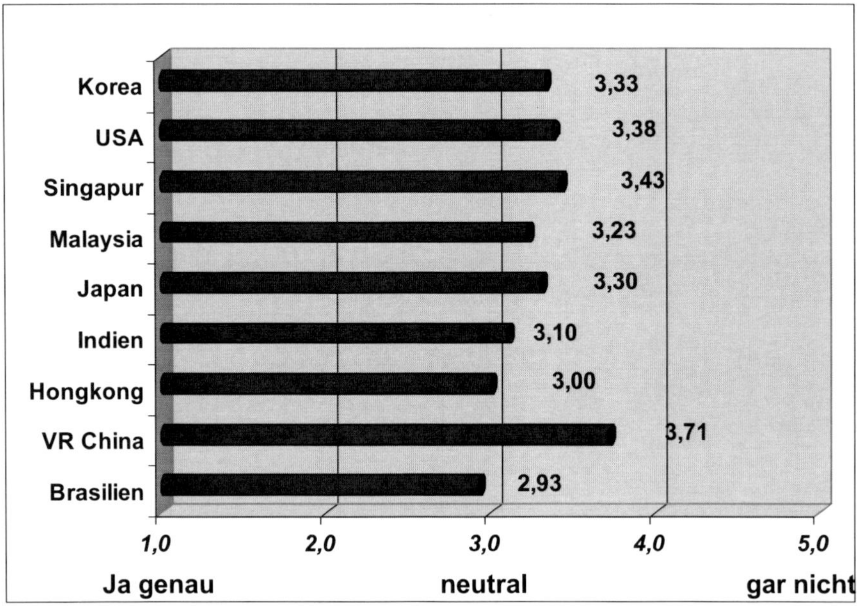

Es ist allerdings nicht klar, welche Erfahrungen Eltern bewegen, der Aussage, dass die Trennung der Kinder vom bisherigen Umfeld schwierig gewesen sei, mehr oder weniger deutlich zuzustimmen: Geht es eher um den Aspekt 'Abschied nehmen' vor der Ausreise oder bezieht man sich auf geäußerte Verlustgefühle der Kinder im Gastland?

Im ersten Fall würden Länderunterschiede durch Unterschiede in der vermuteten Attraktivität des Gastlandes beeinflusst. Die Trennung vom bisherigen Umfeld mag leichter fallen, wenn sich eine attraktive Perspektive auftut. Dass etwa ein Umzug in die USA Kindern und Jugendlichen attraktiver erscheint als eine Ausreise nach Malaysia, klingt wahrscheinlich. Dass aber ein Umzug in die VR China so viel attraktiver sein soll als einer nach Hongkong, klingt wenig plausibel.

Vermutlich spielte also bei der Beantwortung der Frage der Aspekt 'Heimweh' eine größere Rolle: Verläuft die Eingewöhnung ins Gastland so gut, dass mit dem Verlust des bisherigen Umfeldes nicht lange gehadert wird?

Eingewöhnung im Gastland

Aussage: 'Generell haben sich die Kinder gut eingewöhnt'

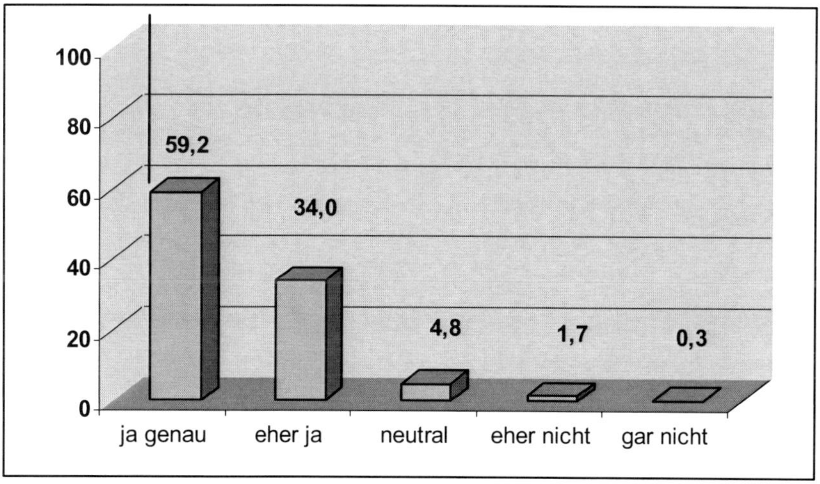

Insgesamt stimmen Eltern dieser Aussage erfreulich deutlich zu, wobei es auch keine statistisch bedeutsamen Unterschiede in der Einschätzung von Müttern und Vätern gibt.

Nachfolgend betrachten wir das Ergebnis aufgeschlüsselt nach einigen außereuropäischen Einsatzländern, wobei nur solche berücksichtigt sind, aus denen wir eine aussagefähige Anzahl an Einschätzungen vorliegen haben. Hier finden Sie die Mittelwerte der Antworten zu der Aussage 'Generell … gut eingewöhnt' nach ausgewählten Ländern: Je kleiner der Wert, desto deutlicher wird zugestimmt.

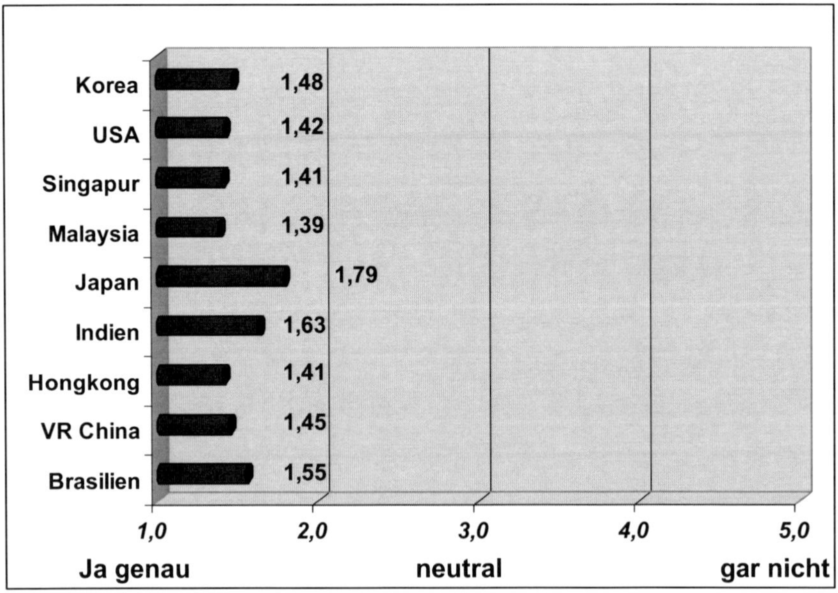

Aus Japan und Indien werden am ehesten Zweifel an der Eingewöhnung der Kinder angemeldet, die Unterschiede zwischen den einzelnen Ländern sind jedoch statistisch nicht signifikant: Überall können sich Kinder recht gut eingewöhnen!

Das gilt zumindest für die Standorte der Antwortenden. Diese Einschränkung ist wichtig: Die meisten Kunden des IFIM reflektieren nämlich sehr genau, ob ein Standort familientauglich ist. Schließlich ist dies für angehende Auslandsmitarbeiter mit Kindern auch eine entscheidende Voraussetzung für die Entscheidung, eine Auslandsstelle anzutreten. Die Einschätzungen aus der VR China etwa kommen überwiegend aus großen Städten mit deutschen oder internationalen Schulen und einer ausgebauten Infrastruktur für Ausländer und nur für solche 'familientauglichen' Standorte können sie gelten.

Eingewöhnung in Kindergarten und Schule

Aussage: 'Die Eingewöhnung in Kindergarten / Schule / Universität war einfach'

Hier fragten wir nicht, wie gut die Eingewöhnung letztlich gelungen ist, sondern ob sie als einfach erlebt wurde. Immerhin Zweidrittel der Antwortenden bejahen das:

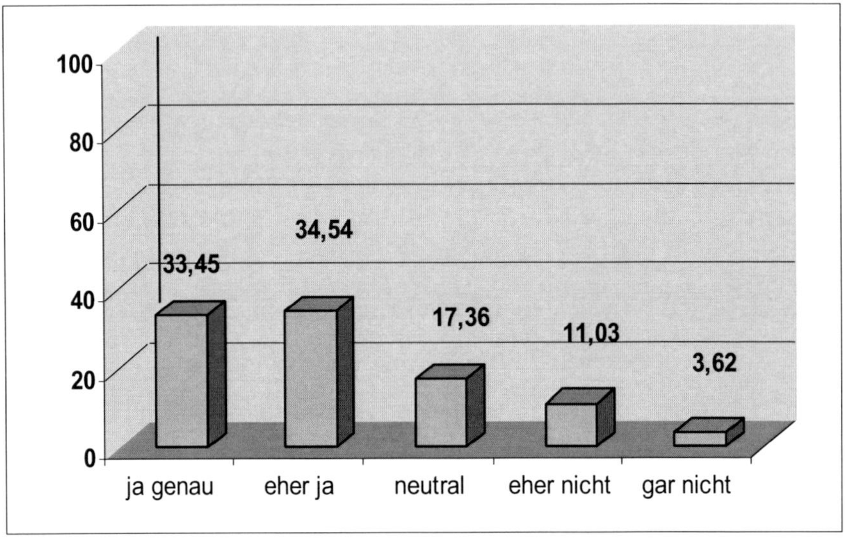

Als 'gar nicht einfach' haben es nur gut 3 % erlebt, weitere 11 % als 'eher nicht so einfach'. Im Vergleich zu vielen elterlichen Sorgen im Vorfeld einer Ausreise sind dies insgesamt sehr befriedigende Erfahrungen.

Die Einschätzungen unterscheiden sich bei Müttern und Vätern nicht, es gibt auch keine bedeutsamen länderspezifische Unterschiede. Die positivsten Einschätzungen kommen aus Singapur und der VR China. Auch hier ist zu berücksichtigen, dass dies keinesfalls bedeutet, dass sich deutsche Kinder leicht in eine chinesische Schule integrieren ließen. Sie gehen in diesen Ländern überwiegend auf deutsche Auslandsschulen, seltener auf internationale und praktisch nie auf einheimische Schulen.

Soziale Integration

Ob sie im Gastland neue Freunde finden werden, ist eine der wichtigsten Fragen, die sich Kinder und Jugendliche vor einer Ausreise stellen.

Wir lassen die Eltern folgende Aussagen bewerten:

'Die Kinder haben leicht einheimische Freunde gefunden'

'Die Kinder haben leicht andere ausländische Freunde gefunden'

Hier unterscheiden sich die Antworten nach Einsatzland so deutlich, dass wir auf eine Gesamtdarstellung verzichten.

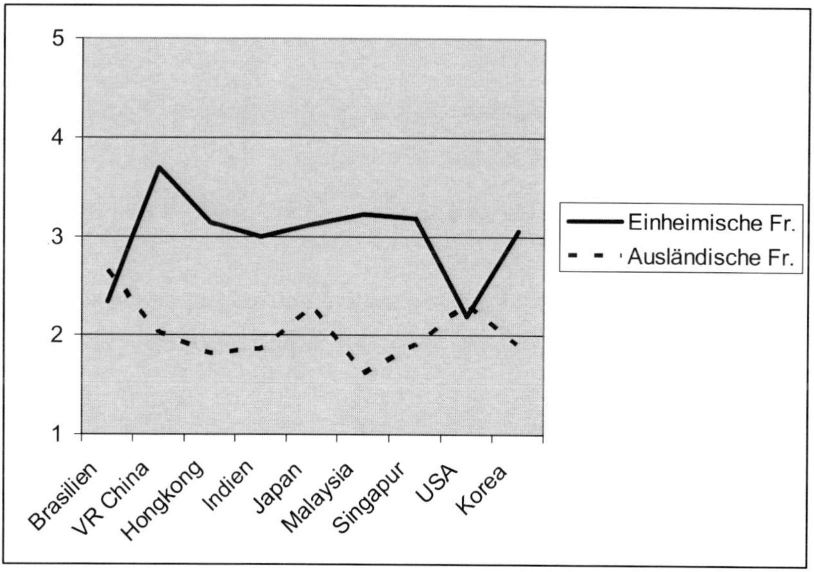

Einheimische Freunde finden Expat-Kinder also nicht leicht. Am besten gelingt es erwartungsgemäß in den USA, sowie in Brasilien. In Asien fällt es den Kindern und Jugendlichen dagegen schwer. Dort tun sich deutsche Kinder eher mit anderen ausländischen Kindern zusammen.

Das Ergebnis ist natürlich sehr stark von der Schulsituation beeinflusst. Je nach Land werden deutsche Auslandsschulen, auch aufgrund der nicht geringen Gebühren, nur von wenigen einheimischen Kindern besucht. Die wenigen, die durch die Kosten nicht abgeschreckt werden, kommen oft aus sehr begüterten Familien, sind also auch nicht unbedingt 'auf einer Wellenlänge' mit typischen Expat-Kindern.

Anders ist es etwa in den USA: Dort arbeiten viele deutsche Auslandsmitarbeiter an Standorten, die nicht über eine deutsche Schule verfügen. Die meisten deutschen Kinder besuchen amerikanische Schulen und schließen da eher Freundschaften mit amerikanischen als den wenigen anderen ausländischen Kindern.

Eltern mögen es bedauern, dass ihre Kinder im Gastland wenig Kontakt zu einheimischen Kindern bekommen. Aber wenn dort aus guten Gründen Kinder in eine deutsche Schule gehen, die Familie in einem Viertel wohnt, das überwiegend von anderen Auslandsmitarbeitern bewohnt wird und die Eltern selbst überwiegend mit anderen Auslandsmitarbeitern verkehren, haben die Kinder nur geringe Chancen, 'von selbst' Kontakte mit einheimischen Kindern aufzubauen. Wenn Eltern dies trotzdem wünschen, müssen sie selbst aktiv werden: Sich informieren, ob es Freizeitaktivitäten vor Ort gibt, die für ihre Kinder attraktiv sein könnten

und sie mit einheimischen Kindern in Kontakt bringen könnten.
Denn unsere Daten und Erfahrungen aus vielen Gesprächen zeigen: In vielen außereuropäischen Ländern ergibt sich der Kontakt der Kinder deutscher Auslandsmitarbeiter mit einheimischen Kindern nicht von selbst!

Für die Kinder ist das nicht problematisch: Sie *werden* Freunde finden, wenn nicht unter Einheimischen, dann unter anderen Expat-Kindern. In der Regel werden die Freunde nicht nur andere deutsche Kinder sein, sondern aus vielen verschiedenen Ländern kommen. Und den Einflüssen des Gastlandes sind die Kinder ohnehin ausgesetzt, auch wenn nur wenige oder gar keine Einheimischen zum engeren Freundeskreis gehören. Daher werden die Kinder auf jeden Fall wertvolle 'interkulturelle' Erfahrungen machen, die ihnen helfen werden, ihre Zukunft in unserer immer globaler vernetzten Welt besser zu bewältigen, als wenn sie zu Hause geblieben wären.

Zusammenfassend lässt sich sagen, dass die Zahlenwerte insgesamt die Einschätzung widerspiegeln, die Eltern auch mündlich berichten: Die Trennung vom alten Umfeld und die Integration in ein neues, fremdkulturelles, ist nicht ganz einfach, verläuft aber letztlich doch recht problemlos.

Erfahrungen kosten nun mal: Seinen Kindern die nützliche Erfahrung zu vermitteln, sich durch einen Auslandsaufenthalt intensiv mit einer fremden Kultur auseinanderzusetzen, ihre Stärken und Fragwürdigkeiten hautnah zu erleben, bedeutet auch, sie Abschiedsschmerz und Anpassungsfrust auszusetzen. **Es lohnt sich trotzdem!**

9 Weiterführende Informationen

Internetlinks

Als zentrale Informationsplattform empfehlen wir die Homepage des IFIM. Hier haben wir für Ratsuchende aktuelle und wichtige Informationen über die Ausreise mit Kindern zusammengestellt. Neben den nachfolgend genannten, länderunabhängigen Anlaufstellen, finden sich dort auch spezifische Informationen zu über dreißig Ländern. Außerdem gibt es dort aktuelle Links zu Buchempfehlungen des IFIM, die man damit einfach über das Internet bestellen kann.

Institut für interkulturelles Management IFIM GmbH
http://www.countries.ifim.de/index.htm
Tel +49(0) 2224-94950

Nachfolgend haben wir die wichtigsten Anlaufstellen und Informationsquellen für ausreisende Eltern mit Internetlinks in alphabetischer Reihenfolge zusammengestellt:

Auslandsschulen Deutschland
http://de.wikipedia.org/wiki/Liste_deutscher_Auslandsschulen

Auslandsschulen Österreich

www.bmukk.gv.at/schulen/schulen/ausland/oesterr_auslandsschulen.xml

Auslandsschulen der Schweiz

www.aso.ch/de/angebote/schweizer-schulen-im-ausland/internationale-schulen

Auswärtiges Amt

Neben aktuellen Länderinformationen, finden ausreisende Eltern hier Infos und links zu Auslandsschulen, internationalem Schüler- und Jugendaustausch und Schulpartnerschaften.

www.auswaertiges-amt.de

Tel +49(0) 3018-17-0

Bildung Weltweit

Die Seite ist Teil des Deutschen Bildungsservers. Das Portal bietet allen Interessierten - Bildungsforschern und Bildungspraktikern - grundlegende kostenfreie Informationen und Internetquellen.

www.bildung-weltweit.de

Council of International Schools

CIS ist eine internationale Organisation zur Akkreditierung von Schulen und der Entwicklung von Best Practice. CIS ist eine Non-Profit-

Organisation und besteht aus über 600 Mitgliedsschulen und 450 Universitäten. Das zentrale Ziel ist, den Mitgliedsorganisationen das Erreichen und das Einhalten hoher Standards zu ermöglichen und damit die Qualität von Lernleistungen kontinuierlich zu steigern.
www.cois.org
Mitgliederliste unter: http://members.cois.org/directory/isd_accred.aspx

Deutscher Bildungsserver
Umfassendes Bildungsportal mit Zugängen zu allen Landesbildungsservern, zu Schulen in Deutschland, Europa und in der ganzen Welt. Infos und Wege zu Projekten, Programmen und Partnerschaften.
www.bildungsserver.de

Deutsche Fernschule e.V.
Grundschulangebote für die Klasen 1-5 im Fernunterricht
www.deutsche-fernschule.de
Tel: +49(0) 6441 - 9218-92

Deutscher Lehrerverband
Der DL ist die Dachorganisation der Lehrer und gibt den 'Auslands-Kunze' heraus. Dies ist ein Jahrbuch der deutschsprachigen Schulen im Ausland, ein Nachschlagewerk u.a. für Eltern, die sich aus beruflichen Gründen zusammen mit ihren Kindern im Ausland niederlassen möchten.
www.lehrerverband.de/
Tel. +49(0) 228- 211212

European Council of International Schools

ECIS ist die größte Vereinigung internationaler Schulen mit Büros in mehreren Kontinenten mit Schwerpunkten in den USA und Großbritannien.

www.ecis.org

Flex Fernschule

Vorbereitung auf Haupt- oder Realschulabschluss mit heilpädagogischem Förderkonzept.

www.flex-fernschule.de

Tel: +49(0) 7664 – 505440

Fernschulstrasse

Plattform zum Thema 'Fernunterricht'. Hier gibt es viele grundlegende Informationen zu der Thematik und es werden die drei größten deutschen Organisationen vorgestellt.

www.fernschulstrasse.de/

IAPA International AuPair Association

Alles Wissenswerte zum Thema 'AuPairs'.

http://www.iapa.org

Informationsstelle für Auslandstätige und Auswanderer

Diese Behörde ist Teil des Bundesverwaltungsamts. Sie veröffentlicht regelmäßig Länderinformationen, die auch über die lokalen Schulsysteme informieren.

www.bva.bund.de/cln_047/nn_538526/DE/Aufgaben/Abt__II/InfostelleAuswanderungundAuslandstaetigkeit/infostelle-node.html

Tel: +49(0) 228 99358 - 4999

Institut für Lernsysteme

Deutschlands größte Fernschule mit Angeboten für Fernunterricht nach deutschen Lehrplänen.

www.ils.de

Tel: +49(0) 800 / 123 44 77

Interessengemeinschaft Deutschsprachiger im Ausland IDA

Die IDA ist ein Forum für deutschsprachige Expatriates im Internet, das sich vor allem auf unterschiedliche Newsgroups, also Verteilerlisten zu speziellen Themen per E-Mail spezialisiert hat.

www.imausland.org

'Mit Kindern im Ausland': http://groups.yahoo.com/group/idakinder/

Lernen ohne Grenzen

Das Projekt fördert den Erfahrungstransfer von Inlands- und Auslandsschularbeit und den praxisorientierten Austausch von Vorhaben der Internationalisierung von Bildung. 'Lernen ohne Grenzen' soll für interessierte

Kollegen/innen und Schüler/innen ein Forum interkulturellen Lernens darstellen, in dem man sich umfassend über dessen verschiedene Facetten informieren und durch Einbringen eigener Beiträge mitarbeiten kann.
www.learn-line.nrw.de/angebote/log

Pädagogischer Austauschdienst der Kultusministerkonferenz

Der 'Pädagogische Austauschdienst' fördert den internationalen Austausch im Schulbereich. Er ist im Auftrag der Bundesländer für den internationalen Austausch und die internationale Zusammenarbeit im Schulbereich zuständig. Es ist auch die nationale Agentur für EU-Programme und Dienstleistungen u.a.: Information, Beratung, Vermittlung, Förderung zu Schulpartnerschaften.
www.kmk-pad.org
Tel: +49(0) 228 - 501-0

Schulweb

Große Informationsplattform zu Schulen im In- und Ausland, zu Projekten, Partnerschaften, Wettbewerben. Umfangreiches Link- und Service-Angebot.
www.schulweb.de

Sprachhexen

Die Organisation wurde gegründet, um Eltern zu helfen, die ihre Kinder im Ausland auch mit der deutschen Sprache aufwachsen lassen. Sie stellt

Bücher-, Video-, Software-, Hörspiel und Spiel-Empfehlungen, sowie Tipps und Ratschläge für und von zweisprachig Erziehenden vor und gibt Hilfestellung durch Vorschläge an Unterrichtsmaterialien und Ideen zum Deutschunterricht im Ausland.
http://www.sprachhexen.com/

Sprachmäuse
Newsgroup zum Thema 'Mehrsprachige Erziehung'
http://de.groups.yahoo.com/group/Sprachmaeuse/

'Third Culture Kids'
In den USA existieren mittlerweile verschiedene Netzwerke, Clubs und Selbsthilfegruppen, in denen sich Third Culture Kids zusammenschließen und sich über ihre Erfahrungen austauschen. Internetseiten von Third Culture Kids-Organisationen finden sich unter:
www.tckworld.com
www.interactionintl.org
www.crossculturalkid.com
http://www.iss.edu/pages/kids.html (Studie zum Thema TCK)

UNESCO
Breite Informationspalette und umfassendes Link-Angebot zu öffentlichen und privaten Partnern im globalen Bildungsbereich. Suchangebote für Bildungsbehörden und Umweltinstitutionen nach Regionen und Ländern.
http://www.unesco.org/education/main_idx.htm

Zentralstelle für ausländisches Bildungswesen der Kultusminister-konferenz

Die Zentralstelle für ausländisches Bildungswesen (ZAB) ist die zentrale Stelle für die Bewertung ausländischer Qualifikationen in Deutschland. Hierzu gehören schulische und berufliche sowie Hochschulqualifikationen. Die ZAB erbringt Dienstleistungen für Bildungseinrichtungen, Behörden und Privatpersonen.

www.kmk.org/zab

Tel: +49(0) 228 - 501-0

Zentralstelle für das Auslandsschulwesen

Auch diese Behörde gehört zum Bundesverwaltungsamt. Sie ist mit der pädagogischen, personellen und finanziellen Betreuung der schulischen Arbeit im Ausland im Rahmen der Auswärtigen Kulturpolitik betraut.

www.auslandsschulwesen.de

Tel: +49(0) 228 99358 – 0

Zentralstelle für Fernunterricht (ZFU)

Die ZFU ist zuständige Behörde Zur Überwachung des Fernunterrichts. Die Seiten bieten einen Überblick über Anbieter und Erfahrungsberichte zum Thema Fernunterricht.

http://www.zfu.de

Tel.: +49(0) 221 - 92 12 07-0

Literatur

Bydlinski, Georg
Hier ist alles irgendwie anders: Stefan zieht um
Betz Verlag. ISBN: 978-3219110296
Nicht spezifisch für Auslandsumzüge aber hilfreich zur Vorbereitung kleinerer Kinder auf das große Abenteuer

Ender, Morton G.
Military Brats and Other Global Nomads: Growing Up in Organization Families.
Greenwood Press. ISBN-13: 978-0275972660

Pascoe, Robin
Raising Global Nomads: Parenting Abroad in an On-Demand World
To Excel/Kaleidoscope Sof.
ISBN: 978-0968676035

Pollock, David C. ; van Recken, Ruth E.
The Third Culture Experience – Growing up among the Worlds.
Nicholas Brealey Publishing.
ISBN: 978-1857885255
Hervorragende Darstellung der Problematik von Kindern, die während ihrer Kindheit in verschiedenen Ländern aufwachsen. Mit zahlreichen persönli-

chen Schilderungen führen die Autoren in ein Phänomen ein, das in Zeiten zunehmender Globalisierung immer bedeutender wird.

Schröder-Kühn, Heidrun; Richter, Marlene	**KulturSchock Familienmanagement im Ausland** Peter Rumpp Verlag. ISBN: 978-3831712977 Für Frauen geschrieben, die als Mitausreisende mit ihrer Familie einen mehrjährigen Auslandsaufenthalt erwägen.
Steffe, Susanne; Henlein, Kerstin	**Mit 80 Kindern um die Welt** Ökotopia Verlag. ISBN: 978-3867020527 So leben Kinder anderswo: bunte Geschichten, Lieder und Spielaktionen. Auch als CD bzw. MP3 Download erhältlich.
Tokuhama-Espinosa, Tracey	**Raising Multilingual Children: Foreign Language Acquisition and Children**. J F Bergin & Garvey. ISBN-13: 978-0897897501 Gut geschriebene Einführung zur Förderung der Bilingualität von Kindern in multikulturellen Umgebungen.

Van Swol-Ulbrich, Hilly ; Kaltenhäuser, Bettina	**Andere Länder, andere Kinder** Vas-Verlag. ISBN 978-3888643408 Sehr empfehlenswertes Vorbereitungsbuch für ausreisende Kinder von 6-10 Jahren. Der Inhalt ist übersichtlich strukturiert und wird durch kindergerechte, humorvolle Illustrationen ergänzt. Das Buch nimmt das Kind in seiner Individualität und persönlichen Lebenssituation ernst und trägt zur Stärkung der Fähigkeit des Kindes bei, die Herausforderung Auslandseinsatz erfolgreich zu meistern.
WEC International	**... und wo gehst du hin?** concepcion Seidel. ISBN: 978-3867160247 Arbeitsheft für Familien, die sich auf einen Umzug ins Ausland vorbereiten.
Wohlgeschaffen, Ulla	**Mit dem Partner in Ausland. Handbuch für den erfolgreichen Auslandsaufenthalt.** TIA Verlag, ISBN: 3933155150 Sehr gut geschriebenes Handbuch für Frauen, die mit ins Ausland ausreisen.

Kinder- und Jugendliteratur in deutscher Sprache finden Sie in den Bibliotheken der Kulturinstitute vor Ort (z.B. Goethe-Institute).